UNA FE QUE PIENSA

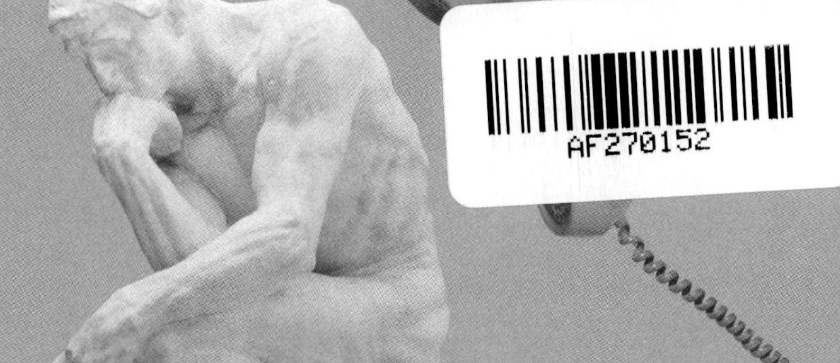

DAVID NOBOA
CON ÁLEX SAMPEDRO

e625.com

e625.com

Una fe que piensa
David Noboa con Álex Sampedro

Publicado por especialidades625® © 2022
Dallas, Texas.

ISBN 978-1-954149-15-1

Todas las citas bíblicas son de la Nueva Biblia Viva (NBV) a menos que se indique lo contrario.

Editado por: Marcelo Mataloni
Diseño de portada e interior: Creatorstudio.net

AGRADECIMIENTOS

El sueño de este material estuvo primero en la mente del Eterno. Estoy seguro. A ti sea la gloria.

Tomaré unas líneas para dar gracias a mi hijo Mateo. Apasionado por la filosofía, fue él quien me animó a tener diálogos con respuestas inteligentes que puedan satisfacer la mente inquieta de un adolescente. Este libro no hubiera visto la luz sin su apoyo, soporte, revisión y cuestionamientos. Mateo, me has desafiado a ser mejor.

Álex, te respeto y admiro. En las pocas conversaciones que hemos tenido, he podido percibir la profundidad de Dios en ti. Gracias por tu humildad y ejemplo y, sobre todo, por aquel diálogo que tuvimos mientras compartíamos habitación en Bogotá. Allí fui inspirado por tus experiencias con Dios. "Una fe que piensa" no sería lo mismo sin tu aporte.

DAVID

Jesús, tú eres la Razón de mi vida, soy por ti y para ti. Gracias por darme el regalo de pensar y el regalo de la fe.

David, tu corazón pastoral y testimonio son inspiradores. Tu preocupación honesta por las nuevas generaciones nace de una pasión genuina, y se nota. Trabajar a tu lado es un placer.

Pau, papá te quiere mucho, y de momento soy la única palabra que sabes decir. Mientras escribía mis aportes a "Una fe que piensa" imaginaba cómo te explicaría a ti todo esto dentro de unos años.

ÁLEX

CONTENIDO

ADVERTENCIA

¿¡Qué!?

¿Hablar de filosofía entre cristianos?

¡Claro que sí!

Después de todo la filosofía y la teología son parientes. Se puede decir que la teología es como filosofar acerca de Dios. Pero claro, la filosofía tiene fama de atreverse a dudar de la existencia de Dios o a cuestionar los dogmas básicos de la fe y eso para cualquier creyente puede caer en tono de blasfemia. No obstante, te animo a considerar que los teólogos partieron de la duda antes de formular sus enunciados de fe.

Allí tienes ejemplos de teólogos que fueron ateos y que luego de su búsqueda incesante por comprobar la inexistencia de Dios, terminaron abrazando la fe. Aunque también hay de esos que, de tanto debatir las cuestiones bíblicas, renunciaron a sus convicciones cristianas.

¿Tienes dudas?

Yo también. Y las seguiré teniendo. Aunque en este punto de mi vida considero que jamás abandonaría la fe. He sido rodeado de sobrada evidencia como para dudar de la existencia de Dios. Sin embargo, sí que dudo de varias cosas. Cuestionarse todo es parte de lo que nos hace humanos y pensantes. En alguna época, se consideró que aquel que dudaba era alguien falto de fe o un hereje. Hoy estoy seguro de que cuestionar aquello en lo que creemos fundamenta cada vez más nuestra fe porque nos obliga a encontrar respuestas. Aceptar todo lo que nos dicen con una fe ciega es el ancla que no deja a la religión avanzar hacia un conocimiento profundo y personal de Dios. La fe no es ciega; al contrario, te deja ver con los ojos del espíritu. Por eso la fe no necesariamente es religión.

Cuidado, no queremos ser contados entre los escépticos ni volvernos cuestionadores por puro morbo hedonista. Se trata de una preocupación genuina por encontrar una respuesta que se sustente en la lógica, pero que sea lo suficientemente ilógica para ser sobrenatural. Ya verás que cuando se trata de la Biblia, las mayores verdades suelen tener un aroma de locura, y cosas que parecen de locos suelen esconder descubrimientos notables.

Así que no busques generar polémica mientras lees este material. De por sí, la filosofía ya es antipática para muchos. Solo asegúrate de hacer las preguntas adecuadas. Echa una mirada concienzuda a los postulados, y deja que tu mente y tu espíritu hagan su parte. Cuestiona, investiga, dialoga, y luego consigue una que otra respuesta que satisfaga el anhelo de tu mente. Allí, donde está el alma. Allí, donde hay zonas oscuras difíciles de interpretar. Aunque el verdadero reto será despertar el espíritu, ese fragmento de tu ser que se conecta con Dios, allí donde la lógica pierde fuerza y se vigoriza lo sobrenatural.

Una Fe que Piensa no tiene el afán de convertirse en una cátedra de filosofía; solo intenta llevarte a momentos de discusión y análisis de algunos dilemas famosos que los pensadores han discutido por siglos y, al mismo tiempo, meditar en lo que se ve alrededor, en el arte, la cultura popular, y encontrar cómo la filosofía se permea en esa cultura.

En pocas palabras, intentaremos bajar la filosofía del pedestal intelectual para traducirlo al lenguaje popular y lograr que la fe sea una intérprete espiritual de la filosofía y no una tediosa antagonista de la razón.

Finalmente, quiero inspirarte a ir más allá de los pensamientos tradicionales; piensa con la mente, pero también con el corazón, con las vísceras y los huesos, con el amor y la fe. Piensa con el arte, con la razón y la esperanza. Piensa con el cerebro, pero también con el espíritu.

Tenemos fe porque pensamos, y si pensamos, ergo, somos.

CÓMO USAR ESTE LIBRO

Cada vez que te acercas a un texto, a un libro, a la Biblia misma, hay una expectativa. Quiero ayudarte a saber qué esperar respecto de la lectura de este material y darte algunas pistas de cómo podrás usarlo:

· Una Fe que Piensa es un libro útil para el discipulado. Puede ser usado en grupos pequeños, clubs de lectura, grupos de discipulado y en mentoreo personal.

· Puede ser leído también para la reflexión y crecimiento personal. Sin embargo, si decides leerlo por tu cuenta, te animamos a compartir lo aprendido con otros.

· No esperes un libro hecho para filósofos. Más bien, es un material hecho para que aquellos que no son muy adeptos a la filosofía puedan verla como una herramienta más para confirmar lo que Dios ya dijo desde un princípio. De todas maneras, aquellos que gustan de la filosofía lo encontrarán interesante para dialogar.

· Encontrarás tres tópicos y cada tópico tocará tres postulados. Luego de tocar los tres postulados de cada tópico, habrá un capítulo de cierre escrito por Álex Sampedro. Aunque también encontrarás reflexiones de Álex en diferentes porciones del libro.

Hola, soy Álex, y en estos espacios espero poder ser una voz que sume al diálogo, que siempre es necesario para la reflexión. Sé que este libro nos ayudará a cumplir el mandamiento de amar a Dios con toda nuestra mente.

· Cada capítulo o postulado tiene cuatro partes:

● **Dónde está el dilema:** que contiene una explicación general y el enfoque de por qué es un tema relevante para ser tratado.

● **Arte, ciencia y cultura pop:** donde se mencionan ejemplos puntuales para que puedas ver cómo se ha filtrado el tema en la cultura popular, la ciencia y las manifestaciones artísticas.

● **Dimensión espiritual:** aquí encontrarás un enfoque bíblico con perspectivas y revelaciones de Dios respecto del tema, con el propósito de lograr una reflexión personal sobre el asunto en cuestión.

● **Diálogos:** con varias preguntas para provocar una discusión sana en los grupos pequeños.

· No te limites a leer el libro con una postura definida. Te será más útil si lo meditas y consideras las opiniones de otros, aun si crees que son incorrectas. También será útil poner en una balanza lo que crees. Quizás te lleves más de una sorpresa.

· No veas este libro solo como un material para impartir conocimiento, sino como una herramienta de transformación y crecimiento personal a través de temas que suelen ser llevados más por lo intelectual. Eso será un reto.

· Algunas discusiones sobre los temas propuestos no tendrán una comprensión total o lograrán una postura definida. De todas maneras, dialoga, comparte lo que piensas, vence las frustraciones y combate la impotencia ante temas conflictivos.

· Es más útil el proceso que impartir conocimientos. No te conformes con enseñar sobre el tema. Provoca diálogos, investiga, piensa en lo que está escrito, pero también en lo que no lo está.

·Disfruta. Deja que la filosofía haga su parte intelectual, pero deja también que Dios moldee tu espíritu.

PRIMER TÓPICO:
DILEMAS DEL SER INTERIOR

La imagen que ves es una litografía del cuadro "El grito" del pintor Edvard Munch. Una pintura, así como toda forma de arte, refleja un estado anímico, una disposición emocional y una condición espiritual. Si miras la pintura original con sus colores, verás un contraste entre los colores amarillo y naranja del cielo, y los tonos azules del agua y el ambiente. Como si una batalla interior estuviera aquejando al hombre que aparece en primer plano. Pocos consideran la primera vez a los individuos que están detrás, en el puente. Si bien la figura más cercana representa un sentimiento profundo de desesperación y un cúmulo de emociones encontradas, las otras, más pequeñas, parecen más tranquilas y sosegadas mientras miran el horizonte.

Así mismo sucede con todos nosotros. Unos somos más expresivos, otros ocultamos lo que tenemos dentro, pero todos estamos experimentando diferentes emociones mientras navegamos por el mar de la vida. Unos gritan al mundo lo que sienten y se muestran de forma evidente para todos, pero otros, quizás los más pequeños, están al borde de un puente, probablemente considerando darle un fin a este sufrimiento.

Y claro, como toda forma de arte, la interpretación suele ser subjetiva. Pero las reacciones emocionales frente a la vida son comunes a todos nosotros. La desesperación, la angustia, el miedo. La fragilidad, la incertidumbre, el sosiego. Sentimientos que todos experimentamos alguna vez, aunque no siempre nos gusta hablar de ello.

Esta es una invitación a mirar. A observar a la gente. Quizás hay alguien que está sufriendo, pensando, considerando, y es posible que Dios nos haya colocado allí, cerca de esa persona, con un propósito. O tal vez eres tú, o somos todos. Qué bueno que a Él le place juntarnos para que no tengamos que llevar esa carga en soledad.

El reto de "Una fe que piensa" es llevarte más allá del ejercicio intelectual; es ayudarte a mirar, a apreciar y considerar a los que están alrededor, y también a evaluar. Los tres primeros postulados que vamos a discutir en este tópico apuntan al ser interior. Apuntan adentro, al corazón, a la intimidad, al yo.

El inicio de cada postulado surgirá en gran medida del intelecto, pero para llegar al final se requiere mucho corazón, espíritu y fe.

¡Ánimo en este viaje!

En estos recuadros siempre habla Álex.

Es cierto, no podemos olvidar que somos seres integrales: sentimos con la cabeza, pensamos con el corazón; lo que le ocurre a nuestro cuerpo afecta a nuestro intelecto y "el corazón tiene razones que la razón no entiende". Abordar los dilemas humanos sin tener en cuenta nuestra realidad y creernos seres pensantes descarnados de nuestra existencia física, social, anímica y espiritual es errar en el blanco. Debemos entonces, ahondar en nuestra esencia humana.

POSTULADO 1

La paradoja de Teseo y el dilema de la identidad

"Sabía quién era esta mañana, pero he cambiado bastante desde entonces".

Lewis Caroll - *Alicia en el País de las Maravillas*

Plutarco de Queronea fue un filósofo del primer siglo. Estudió en Atenas. ¡En qué otro lugar se podría aprender filosofía de alto nivel! Se alineaba con los dichos de Platón. Uno de los trabajos más conocidos de Plutarco fue "Vidas paralelas", donde reúne biografías de varios personajes griegos y romanos reconocidos, haciendo gala de sus dotes como historiador. Dada su inclinación a la ética, su exploración giraba en torno a la influencia del carácter y cómo este podía ser determinante en el sentido de realización de una persona.

Fue Plutarco quien recogió esta leyenda antigua de la mitología griega acerca de Teseo, el héroe, fundador y rey de Atenas, y de su barco, que le había sido otorgado por Demetrio (350 a 280 AC).

¿DÓNDE ESTÁ EL DILEMA?

Teseo regresa de sus aventuras en el barco de Demetrio, y por ser una nave tan antigua, se iba desgastando progresivamente. Teseo manda a reparar cada una de las partes que se iban deteriorando con la intención de mantener el barco original intacto. Con el tiempo dejó de tener las partes originales, y se quedó solamente con las piezas de repuesto que Teseo iba colocando. Era lógico que la gente empezara a preguntarse si el barco, luego de haber sido reparado tantas veces, y con todas las modificaciones que había recibido, seguiría siendo el mismo.

Aquí inicia el dilema.

Un objeto que ha sido modificado tantas veces, ¿sigue siendo el mismo que en un inicio?

Filósofos se decantan hacia ambos lados. Unos dicen que el barco es el mismo, su diseño es igual, su forma y figura es igual, aunque hayan cambiado las piezas. Otros se inclinan por decir que no lo es; puesto que todas sus piezas son diferentes, ya se trata de un barco distinto.

Claro, hoy no vamos tanto en barco como quisiéramos. Pero ¿qué hay de un automóvil?

Si un auto queda despedazado luego de un choque descomunal y su motor tiene que ser cambiado al igual que todas las piezas del chasis, ¿seguirá siendo el mismo?

Y bueno, cuando se trata de cosas inanimadas no parece ser mayor el aprieto, pero el postulado esconde un conflicto mayor. El dilema del ser humano y su identidad.

¿Quiénes somos?

¿Quién dictamina eso?

Si simplemente somos un conjunto de piezas sin un propósito, como el caso del barco de Teseo, no seríamos más que la suma de nuestras partes. Un conjunto de extremidades y órganos que se juntaron para recibir vida.

Pero, pero, pero... hay algo dentro de nosotros que nos hace únicos e irrepetibles, algo más profundo que el iris de los ojos o la huella digital.

La mayoría de las veces, el pensamiento griego nos lleva a creer que somos básicamente un accidente, un simple ente sin un destino. Y yo difiero de ese pensamiento.

Exploremos otras opciones.

Si nuestra identidad se basa en un cúmulo de recuerdos y experiencias adquiridas, el hecho de perder los recuerdos de las mismas podría darnos la impresión de no saber quiénes somos. A la par, si nuestra identidad está basada en la suma de nuestras capacidades, si llegásemos a perder alguna de ellas, eso podría redefinir lo que pensamos de nosotros mismos.

Según la neurociencia, el constante estímulo de algo causa adaptabilidad; por lo tanto, dependiendo de a qué cosa seamos expuestos, cambiaremos adaptándonos a aquello a lo que hemos sido expuestos. En lo físico, por ejemplo, si nos exponemos ligera y recurrentemente al sol, nuestra piel se oscurecerá algunos tonos y con el tiempo se hará más fuerte. En lo emocional, si vivimos experiencias dolorosas, nuestro ser interior cambiará conforme a eso, y se volverá frágil o desconfiado y se endurecerá.

Cambiar de esa manera no parece ser algo tan grave.

¿O sí?

¿Qué piensas?

Últimamente (este es un libro escrito a finales del 2021) se volvió famoso el temor hacia las vacunas. Surgieron rumores de que algo en las vacunas contra el COVID-19 podría alterar nuestro ADN. No puedo validar esa información, pero sí puedo estar seguro de que mi ADN contiene un código único e irrepetible que dice quién soy. Al menos en la parte física.

Sucede que hoy hay demasiadas cosas que han sido alteradas en su propósito o diseño. Dios diseñó las frutas para que se reproduzcan por medio de semillas, pero el ser humano ya encontró la forma de modificar la genética de las frutas para que crezcan sin semillas. A este tipo de alimentos se les conoce como "transgénicos". Se los llama también "Organismo Modificado Genéticamente" (OMG). ¡**Oh My God**!

¿Qué opinas al respecto?

¿Tiene el hombre derecho a hacer estos cambios?

Hace tiempo que la raza humana se alimenta de cosas que han sido alteradas genéticamente. Los famosos transgénicos, los hay en todos lados. Jugamos a ser Dios. Y eso es delicado de decir porque debes saber que me encantan las naranjas sin semilla, son deliciosas.

Me pregunto: hasta qué punto nos está permitido avanzar en la ciencia ondeando la bandera del mejoramiento de la calidad de vida. Se acercan días en que habrá libertad de elegir los aspectos físicos de los bebés por nacer. La cuestión echa lazos hacia la moral y la ética.

Personalmente, siento que todavía hay mucha oscuridad cuando se manejan este tipo de decisiones.

Si ponemos la existencia del ser humano en una balanza, y de un lado están Dios, la luz, la bendición, y del otro están la oscuridad, la maldad, el abismo, la maldición, ¿a qué lado piensas que el mundo se inclinará? Y conforme nos acercamos hacia cualquier extremo, de seguro vamos cambiando.

Mientras más nos acercamos a Dios, más entendemos su diseño, y somos transformados por la luz que nos invade. Cada vez nos parecemos más a Jesús, que es la Luz. Nos parecemos cada vez más a aquello hacia lo que nos inclinamos. En el otro extremo, sucede lo contrario. Mientras más nos acercamos a la oscuridad, nuestro ser se vuelve tenebroso, y nuestras decisiones se acompañan de tinieblas.

Entonces dejamos de ser nosotros mismos y nos convertimos en algo que no estaba en los planes de Dios. Insisto, uno se parece a aquello hacia lo que se inclina. El salmo 115 habla un poco de eso, diciendo que "Semejantes a ellos son los que los adoran y los que los fabrican", hablando de los ídolos de madera, piedra o barro. Uno que adora ídolos se empieza a volver como ellos, ciegos, sordos, rígidos e inmóviles. Pienso que si la ciencia y la tecnología llegan a ocupar el lugar de Dios, nos pareceremos cada vez más a un ser robótico. No estoy en contra de la ciencia, por favor, para nada. Hablo de lo que sucederá si sacrificamos nuestros valores personales, éticos y espirituales, para validar lo que la ciencia intenta lograr fuera de los parámetros eternos.

Jean-Paul Sartre, padre del existencialismo francés, postulaba que la existencia precede a la esencia. Es decir, nuestro ser no está determinado, no "somos", solo existimos y debemos crear nuestro propio propósito, aunque sea irreal, una locura. La cosmovisión cristiana plantea lo contrario: sí hay un propósito, sí soy alguien:

soy el amado de Dios. No soy lo que piensan otros, o lo que pienso yo, o lo que otros ven o quieren ver, no soy mis acciones, ni mi cuerpo, tampoco mi inteligencia. Tampoco soy lo que siento. "soy" porque Dios es, me pensó. Esa frase dialoga con la famosa de René Descartes: "cogito ergo sum", pienso luego existo. En realidad, es más profunda: me pensaron, luego existo. Dios nos pensó, Dios nos amó, Dios nos creó.

Siempre aspiramos a ser mejores que ayer; eso es parte de la esencia del ser humano. Pero, a diferencia del barco, no somos un objeto, pues tenemos conciencia. Nuestro pensamiento cambia constantemente y se inclina hacia un lado de la balanza. Del lado de la oscuridad no hay un buen final, pero del lado de la luz hay un propósito y un destino.

¿Hacia qué lado de la balanza te has inclinado?

ARTE, CIENCIA Y CULTURA POP

Si una persona pierde su brazo y le colocan el brazo de otra persona, ¿seguiría siendo la misma persona?

Si viste la película "Yo robot" verás que sí; el detective seguirá siendo el mismo, aunque haya recibido un brazo robótico. Pero, qué sucedería si el cerebro de alguien es reemplazado, ¿seguiría siendo la misma persona?

El autor de esa novela, Isaac Asimov, es uno de mis favoritos. Buceo en muchos de sus libros de robots, en lo que realmente significa ser humano o no. En pocos años, este será un tema que como sociedad enfrentaremos de lleno, cuando nos inunde el posthumanismo.

Algo así sucedió con el Vengador Visión en la serie Wanda Visión (alerta de spoiler). Visión, un organismo sintezoide, muere cuando Thanos le arranca la gema de la mente de su frente, haciendo que Wanda, la bruja escarlata, entrara en una depresión por la pérdida de su ser amado, lo que le llevó a crear una realidad alterna para revivir a Visión. Dentro de esa realidad, Wanda fabrica, a través de la ilusión, una figura idealizada de aquel que ella recordaba era Visión. Mientras tanto, S.W.O.R.D. toma las partes sobrantes de Visión y reconstruyen al organismo sin los recuerdos del original, quien, cuando despierta, es enviado a capturar a Wanda, convirtiéndose en un antagonista de la historia.

¿Quién es Visión? ¿Es el ser que Wanda recordaba y que intentaba emular a través de la ilusión? ¿O es aquel conglomerado de partes robóticas que fueron reconstruidas para cumplir una misión diferente? En realidad, no era ninguno de los dos. Visión ya había muerto.

HERÁCLITO: ¿Y SI VAMOS ESTE FIN DE SEMANA AL RÍO NILO?

DEMÓCRITO: NO, HERÁCLITO. SIEMPRE QUIERES IR AL MISMO RÍO.

HERÁCLITO: ¡QUE NO ES EL MISMO RÍO, CARAMBA!

Heráclito plantea un dilema similar cuando habla del río. "Nadie puede cruzar dos veces el mismo río, porque ni el hombre ni el río serán los mismos". Tanto porque las aguas del río jamás serán las mismas, pues ya habrán corrido, como que tampoco será el mismo el hombre, que siempre está cambiando.

Yo lo aprendí con esta frase: la constante es el cambio. Además, tuve un compañero de instituto que se cambió su nombre por "Río Heráclito", no es broma.

Otro ejemplo es el de los calcetines de Locke. Si tienes un calcetín favorito al que le haces un parche tras otro, con los años ya estará cubierto de parches y no quedará nada del calcetín original; entonces, ¿seguirá siendo el mismo calcetín?

> Es su función respecto a otro, lo que es importante. Siguen siendo "tus" calcetines. Así lo afirma Martin Buber: para ser yo, necesito un tú, una referencia externa a mí.

Y hablando de parches, qué tal hablar un poco sobre la escritora británica Mary Shelley y el monstruo creado por el Dr. Frankenstein en la novela del mismo nombre. Un revoltijo de partes humanas que han sido unidas en un solo ser, a quien se le dio la oportunidad de vivir. ¿Cuál es la identidad de este ser? ¿Quién es?

> Novela extraordinaria; justamente por no saber su propósito, el monstruo es infeliz.

Te preguntarás si todo esto tiene algo que ver contigo.

Los anhelos del ser humano son inesperados y algunas veces inexplicables. Unos podrían pensar que hacerse un tatuaje o una cirugía plástica que cambie alguna parte de tu físico es cosa de alguien con baja autoestima o inconforme con su propia imagen. Otros dirán que no tiene nada que ver con eso, sino con un deseo personal o un ensayo para lucir su individualidad.

Nos enfrentamos a un tema de identidad.

¿Qué es lo que hace que seas tú?

Eso, con o sin tatuajes, con o sin cirugías, con o sin cabello, con o sin tu outfit.

Se dice que el promedio de edad de las células en un cuerpo humano adulto puede ser de menos de diez años. Si eso es cierto, conforme vamos creciendo, cada célula en nuestro cuerpo va siendo reemplazada por otra cada cierto tiempo. Entonces, una persona que tiene 30 años de edad ya no tiene las mismas células con las que vivió en sus primeros años de vida.

¿Sigue siendo la misma persona?

Diríamos que no lo es desde la perspectiva biológica, pues sus células ya son otras, aunque sí lo es desde la perspectiva filosófica porque se trata de la misma persona. Pero, ¿alrededor de qué parámetros podemos medir si una persona es la misma o no luego de ciertos cambios?

Dato curioso: el actor Frankie Muniz que interpretó al personaje Malcolm en la serie "Malcolm in the middle" (famosísima en la década de los 2000) sufrió varios ataques isquémicos transitorios que le produjeron conmociones cerebrales, y una de ellas le ocasionó la pérdida de la memoria. A tal punto fue el giro de su vida, que el intérprete de Malcolm no recuerda nada acerca de su vida de actor, a pesar de ver las imágenes de su actuación.

Ya luego de eso, no volvió a ser actor. Probó suerte con el automovilismo y siendo baterista de una banda de rock. ¡Vaya!

Este nuevo Frankie, ¿es el mismo?

¿Perder la memoria te haría una nueva persona?

Quizás podríamos decir que la esencia de una persona está en los recuerdos y experiencias que ha acumulado en su vida. Y si es así, al perderlos, ¿sería como iniciar una nueva vida? De hecho, Frankie Muniz se siente como una persona diferente.

DIMENSIÓN ESPIRITUAL

La Biblia está llena de respuestas para toda clase de asuntos. De seguro vas a encontrar otras formas de abordar desde la Escritura los dilemas que se han propuesto en este material, y eso es perfecto. Dios te va a dirigir a encontrar siempre las mejores respuestas para cada aspecto de tu vida.

Aquí lanzamos algunas.

Si comparamos el barco de Teseo con lo que somos nosotros, entonces debo decir que no cambiamos, pero también cambiamos.

¡!

Lo explicaré mejor.

Recibimos un propósito que gira alrededor de la identidad, y **nuestra identidad se fundamenta en el Dios en el que creemos**. Su esencia está en nosotros. Desde esa perspectiva, nuestra esencia no cambia, somos la misma persona; aunque nuestro organismo va creciendo y cambiando con el paso del tiempo, no somos diferentes. Esto es porque estamos ligados al ser de donde proviene nuestra esencia, el Padre Eterno. Así como su esencia nunca cambia, nosotros tampoco, porque hemos sido formados a su imagen y semejanza (IMAGO DEI).

> **Esta idea teológica del "Imago Dei" es el fundamento de los derechos humanos y de la dignidad intrínseca del ser humano. Sin este concepto, no hay ancla para el respeto objetivo de lo humano.**

Ya que Dios no cambia, sino que es siempre el mismo, en nosotros sucede igual. No obstante, Dios se manifiesta de diferentes maneras, siempre nuevas, siempre frescas y oportunas a la vez. Siempre hay nuevas cosas que aprender de Él, y no terminaremos de conocerle por completo mientras estemos en este cuerpo mortal con inteligencia limitada.

Dios es siempre el mismo, pero siempre se manifiesta de maneras nuevas.

Así también nosotros, somos la misma esencia, pero cambiamos. Estamos diseñados para crecer y cambiar con el tiempo. No cambia nuestra esencia, pero sí que cambian nuestras opiniones, nuestros pensamientos; maduramos, crecemos. Cambiamos de parecer sobre una cosa u otra, y eso nos hace diferentes con el paso de los años. A veces para bien, otras veces para mal.

El dilema del barco de Teseo le fue planteado a Jesús en otras palabras. La discusión la provocó un fariseo que había sido impactado por las enseñanzas de Jesús, Nicodemo. Él reconoció quién era Jesús y afirmó que venía de parte de Dios. Ante eso, Jesús reacciona con una de esas cosas que solo se le podrían ocurrir a Jesús:

"Jesús le dijo:

—Te aseguro que si una persona no nace de nuevo no podrá ver el reino de Dios". (Juan 3:3)

¿Qué es eso de nacer de nuevo?

Eso es lo que se preguntó Nicodemo. ¿Puede alguien siendo ya viejo volver a entrar en el vientre de su madre?

En otras palabras: ¿puede alguien cambiar y ser alguien diferente? O, ¿tiene alguien la oportunidad de empezar de nuevo desde cero?

La respuesta inmediata para el común de las personas es no, nadie puede cambiar de esa manera. Pero Jesús hablaba de algo más profundo. Si alguien realmente quería acercarse al Padre, necesitaba empezar de nuevo, nacer de nuevo, nacer del agua y del Espíritu, tener un nacimiento espiritual e interno. Y eso de nacer de nuevo definitivamente es cosa de otro mundo. Del mundo sobrenatural.

"Si no me creen cuando les hablo de las cosas de este mundo, ¿cómo van a creerme si les hablo de las cosas del cielo? Nadie ha subido jamás al cielo excepto el que bajó del cielo, que es el Hijo del hombre". (Juan 3:12-13)

Pablo lo dijo en estas palabras:

"Por ello, quítense, como si se tratara de ropa vieja, su naturaleza tan corrompida por los malos deseos. Renueven sus actitudes y pensamientos...". (Efesios 4:22-23)

"Por lo tanto, si alguien está unido a Cristo, es una nueva creación. ¡Lo viejo ha quedado atrás y lo nuevo ha llegado!". (2 corintios 5:17)

En otras palabras, hemos sido creados para parecernos a Dios en su esencia, y eso nadie lo puede cambiar. Somos su imagen. Pero también somos renovados al punto de convertirnos en seres completamente diferentes. La experiencia de alguien que decide por convicción seguir a Jesús es la de entender que ha tenido dos vidas: la pasada, sin fe ni propósito; y la nueva, con fe y con un camino definido que seguir, una meta, un destino.

> **Efectivamente, hemos sido creados para tener una relación vital con Dios; sin ella, no somos "nosotros". Te encontrarás contigo cuando te encuentres con Dios, con Jesús de Nazaret.**

Y tú, ¿has nacido de nuevo?

Por mucho tiempo se sostuvo la idea de que haciendo una oración básica y una declaración con los labios se adquiría esta condición de un nacido de nuevo. Pero es más que eso. Es un acto de fe. Es morir a la persona que eras antes, para resucitar con una nueva identidad, la identidad de un hijo del Eterno.

"Sabemos que nuestra vieja naturaleza pecaminosa fue clavada en la cruz junto con Cristo; de esta manera, ya no está bajo el dominio del pecado, ni tiene que someterse a la esclavitud del pecado, porque al morir quedamos libres de su dominio. Y por cuanto nuestra naturaleza pecadora murió con Cristo, creemos que también compartiremos su nueva vida". (Romanos 6:6-8)

Esta es una experiencia sobrenatural. Y para las personas que valoran la filosofía, el pensamiento y la lógica, estas cosas podrían ser difíciles de aceptar y entender. Yo soy uno de esos. Por eso se trata de morir. No de renunciar a la lógica o a la ciencia, sino de morir a mis propios criterios y reconocer que no soy dueño de la verdad y que existen cosas más allá de la lógica humana. Al fin y al cabo, la verdad no es un hecho sino una persona. La persona de Jesús.

Jesús dijo: "Yo soy la verdad". Es fundamental comprender que la Verdad salió a buscarnos para transformarnos, para descubrirnos. Para ser nosotros de verdad.

Para ir más profundo, te dejo estas palabras dichas por el Maestro:

"A nadie se le ocurre remendar un vestido viejo con una tela nueva, porque lo más probable es que la tela nueva se encoja y rompa la vieja, con lo cual la rotura se haría mayor. Y a nadie se le ocurre echar vino nuevo en odres viejos, porque los odres se romperían, y se perderían el vino y los odres. El vino nuevo se debe echar en odres nuevos, para que ambos se conserven". (Mateo 9:16-17)

Los discípulos de Juan le preguntaban el motivo por el cual Jesús y sus discípulos no seguían las normas religiosas de los fariseos, quienes tenían una cultura rígida de ayunos. Jesús venía trayendo un mensaje fresco, aunque no era diferente de lo que el Padre ya había dicho antes. Jesús hablaba sobre la revelación progresiva de Dios. Para los fariseos había cosas que debían repetirse de forma mecánica, no tenían la revelación del porqué se debía hacer, y esa tradición se había hecho tan fuerte que les impedía recibir algo nuevo.

Si quieres acceder a la revelación de Dios debes conocer primero al Dios de la revelación, y eso solo sucede en el mundo sobrenatural al cual Él pertenece. La clave para conocer a Dios está en renunciar constantemente a las ideas que yo me hago de Él para entender lo que su Palabra dice de Él.

¿Y qué de la Iglesia?

Otro ámbito para ejemplificar el hecho de que no cambiamos en esencia al parecernos a Dios, pero sí cambiamos en cuanto a nuestra renovación, es la Iglesia de Cristo.

La iglesia es un cuerpo, es un organismo espiritual vivo; no cambia jamás, pues su diseño y propósito no cambian. Pero bien que sus miembros van cambiando. Unos se adhieren y otros abandonan la fe. Sin embargo, sigue siendo la misma en esencia. Algunos miembros crecen espiritualmente, se vuelven activos en el servicio y acuden al llamado de hacer discípulos a todas las naciones. Y eso hace que la iglesia cambie en efectividad. También pasa lo otro, que la gente se acomoda, muchos se vuelven meros asistentes a cultos semanales, pero no tienen crecimiento. Eso haría que la iglesia también se detuviera, se estancara. Y eso va a depender de sus miembros, de los hijos de Dios que decidan ir más allá o quedarse como están.

Si pudiera terminar con una sola frase, diría: "No puedes cambiar en esencia debido al diseño de Dios en ti, pero sí puedes renovar tu conducta y pensamiento respecto de todo". Ser una nueva persona. Y hablando del barco de Teseo, creo que es el mismo barco; en esencia y diseño no ha cambiado, pero sí que se ha transformado su estructura, entonces es otro barco, un barco nuevo.

DIÁLOGOS

Platón estaría encantado con esta sección. De hecho, hay escritos suyos que llevan ese nombre, "Diálogos". En esta sección encontrarás algunas preguntas que, probablemente generarán más preguntas.

Si eres un líder de un grupo pequeño de discipulado o si quieres discutir este material con tus amigos, esta sección te facilitará ese proceso. Será genial que puedan encontrar más respuestas de las que están expuestas en este material, pero sobre todo que puedan compartir lo que piensan, lo que sienten y lo que creen.

¿Qué o quién define quién eres?

¿Puedes cambiar?

¿Qué sucederá contigo si cambias?

¿Hacia qué lado de la balanza de luz y oscuridad te inclinas?

¿De dónde viene tu esencia, lo que hace que seas tú?

¿Para qué estás en esta Tierra?

¿Existe un destino definido para cada persona?

¿Estás en crecimiento o estancamiento?

¿Has nacido de nuevo?

Ten en cuenta que:

Al dirigir grupos de discipulado, debes analizar el contexto de los que son parte de ellos. Algunos quizás tengan convicciones profundas sobre algo y se verán confrontados. Otros probablemente rechazarán los argumentos de los que tienen al lado.

Intenta que el grupo sea un lugar seguro para hablar; crea confianza, no denigres el pensamiento de ninguno ni trates de convencer a nadie de aquello en lo que tú crees. Deja esa labor al Espíritu de Dios. De seguro, Él lo hará mejor que nosotros.

POSTULADO 2

El mito de Sísifo y el sentido de la vida

"La tragedia del hombre moderno no es que sabe cada vez menos sobre el sentido de su propia vida, sino que se preocupa cada vez menos por ello".

Vaclav Havel

Ahora que estamos en la era pospandemia, viene bien recordar la obra "La peste", del escritor y filósofo Albert Camus. No fue una, sino varias veces en el año 2021, que escuché referencias históricas de cuando la tierra fue azotada por diferentes pestes. Camus usa la excusa de "La peste" para tocar temas profundos como la solidaridad humana, la influencia política en el manejo de las crisis y la limitación de la libertad para protección de la misma gente (quid pro quo). Un intercambio difícil de aceptar.

Parecería que la crítica de Camus no logró provocar ningún cambio en la conducta de los seres humanos al enfrentar un fenómeno de carácter global como el que acabamos de atravesar. En el ambiente se sigue percibiendo la injusticia y el sinsabor de no haber aprendido de los errores del pasado.

Pero Camus toca también un dilema profundo, que justamente es la meta de este postulado. El suicidio, y su contraparte, la vida. Y claro, el filósofo no iba a tomar este asunto a la ligera. El dilema parte de un ensayo escrito por Camus basado en la leyenda de Sísifo. Sí, otra vez, la mitología griega.

En este ensayo sale a relucir la filosofía de lo absurdo que desvió a Camus de la línea existencialista para provocar la germinación de lo que se conoce como el "absurdismo", según Camus, la explicación óptima para los devenires del ser humano. Para él, todo es absurdo. A este ensayo lo llamó "El mito de Sísifo".

Claro, es una consecuencia natural del existencialismo francés, el nihilismo. En otras "pestes", otras pandemias, cuando la muerte se hace mucho más visible, lo absurdo de la vida se hace muy presente. Sin un ancla eterna, nada tiene sentido, todo es vanidad.

¿DÓNDE ESTÁ EL DILEMA?

Solo hay un dilema filosófico por discutir, dice Camus, el suicidio, y la pregunta esencial de la filosofía, según él, debería ser: ¿Vale la pena vivir la vida?

Camus debate conceptos de profundidad filosófica inquiriendo sobre la cuestión más elemental de todas. El sentido de la vida.

Sísifo, fundador de la ciudadela de Corinto, había sido condenado, luego de un intenso drama al puro estilo de Homero, a permanecer en el infierno por la eternidad. Una novela repleta de engaños, malos entendidos, puñaladas por la espalda y demás actitudes típicas del ser humano. Como un talk show mitológico.

Podría micro resumirse de esta manera:

· Sísifo se mete en lo que no le importa y al verse descubierto engaña a los dioses. Es enviado al inframundo por eso.

· Ya en el inframundo, los vuelve a engañar para retornar al mundo de los vivos.

· Es llevado por la fuerza de vuelta a los infiernos.

· El castigo en el inframundo por todos sus engaños fue el siguiente: empujar una roca sobre una colina empinada, la misma que cuando va llegando a la cima, vuelve a rodar hacia abajo, por lo que Sísifo tiene que empezar la misma tarea, una y otra vez, por toda la eternidad.

Esto se parece mucho al estilo de vida laboral actual.

El dilema se reduce a decir que la vida es tal como el final de la historia de Sísifo. Un continuo esforzarse para no llegar a ningún lado, para jamás alcanzar la realización o la felicidad.

Camus menciona la historia de Homero con su propio estilo:

"Se ha comprendido ya que Sísifo es el héroe absurdo. Lo es tanto por sus pasiones como por su tormento. Su desprecio de los dioses, su odio a la muerte y su apasionamiento por la vida le valieron ese suplicio indecible en el que todo el ser se dedica a no acabar nada. Es el precio que hay que pagar por las pasiones de esta tierra". (Albert Camus – El mito de Sísifo).

¿Cómo suena eso?

Bueno, no es novedad que, como seres humanos, nos la hemos pasado insistiendo en las cuestiones vanas de la vida. Correr en aquello que el mundo corporativo llama la "carrera de ratas". Esa incesante urgencia por estar ocupados todo el tiempo, sin darnos cuenta de que nos perdemos la vida. Como ese hámster que se desespera por ir más rápido dentro de una rueda interminable. Me siento identificado. Es imposible no sentirlo alguna vez.

¿Será que el precio por disfrutar la vida es siempre un castigo interminable?

Habrá que ver lo que significa eso de disfrutar la vida. Para unos, como cuenta Camus respecto de Sísifo, será la necesidad de ser bañado por el sol, o ser saciado por el agua. Para otros será sumergirse en placeres sexuales. Para otros, hacer buenas obras. De seguro habrá ese alguien que opte por vivir al límite, y también ese otro que prefiera una vida pacífica y sosegada.

¿Quién disfruta de la vida?

¿Es acaso la vida algo que se puede disfrutar o solo se tiene que vivir?

Hay quienes dicen que es inútil el haber venido a este mundo, pues hemos venido solamente a sufrir. Eso decían los abuelos de antes. También lo dijo Schopenhauer afirmando que vivimos en el peor de los mundos posibles, sin opciones de disfrutar la vida, a menos que la meta de la vida sea el sufrimiento mismo, porque entonces tendríamos éxito.

Cómo es posible apreciar la vida si el círculo que nos ofrece viene siendo un caminar repetitivo y sin sentido, tal como empujar una roca hasta la cima de una colina y luego, al verla caer, volver por ella para empezar de nuevo.

Cada uno tendrá su roca. La roca que debemos empujar. El trabajo se convertirá de seguro en la roca para muchos. La familia será una roca para otros. Bien que cada quien tiene derecho a elegir la roca que van a llevar a la cima de la colina, pero habrá que recordar que toda esa labor podrá ser considerada inútil y sin sentido. Algunos verán la religión como su roca, y si así fuera, bien merece la chance de considerar abandonarla, pues una religión fría y sin espiritualidad puede ser una roca difícil de hacer rodar. Ten en cuenta que religión no necesariamente implica espiritualidad.

De allí que algunas personas elijan optar por el suicidio. Algunos dirán que es la salida fácil. Personalmente, no veo ninguna facilidad en esa salida. Se trata de aquella persona que está viviendo un drama tan fuerte, y con una mezcla tan insostenible de emociones, que finalmente considera el dejarse aplastar por la roca, en lugar de llevarla a la cima. Triste y desastroso final.

> **Cada uno, en medio del absurdo, busca su mecanismo de actuación, de búsqueda. El placer sexual, la realización personal, el trabajo, la economía, la fama, el estatus, una relación sentimental, el consumo de sustancias, la búsqueda de nuevas experiencias… Los mecanismos son diferentes, pero el vacío existencial es el mismo. Intentar llenar un vacío eterno con cuestiones temporales es imposible, es cansador y frustrante.**

ARTE, CIENCIA Y CULTURA POP

La búsqueda por darle un sentido a la vida es un concepto que nos viene persiguiendo desde siempre. Lidiar con las frustraciones, la impotencia al enfrentar diversas situaciones, la inutilidad que se percibe cuando las acciones cotidianas te hacen tropezar con la monotonía, o esa condición que el novelista Milan Kundera llamó la insoportable levedad del ser. Empujar la roca de Sísifo es lo que yo llamaría la inercia de la vida, que produce una sensación infructuosa y sin sentido.

La serie "The Good Place" nos presenta la idea de un grupo de personas que, al morir, llegan al "buen lugar" (alerta de spoiler), un sitio colorido y pacífico lleno de "buenas personas". Al pasar los días se enteran de que todo esto fue una treta del infierno haciéndoles creer que estaban en el lugar bueno cuando en realidad habían llegado al lugar malo. Desde allí intentan por todos los medios conseguir una oportunidad para ir al buen lugar. Imagina lo que sería que cuando se acaben tus días sobre la tierra no obtengas un descanso eterno en Dios, sino un trabajo y esfuerzo eterno en el infierno. Eso le sucedió a Sísifo.

Ahora, de un lado está la perspectiva personal sobre la vida y del otro está el valor que las personas le otorgan a esa vida.

Son dos lados de una misma moneda. Por arriba tenemos la cara, que podría ejemplificar lo que yo soy para mí mismo y el sentido que le doy a las cosas que hago. Por abajo está el sello o la cruz, que viene a ser el valor que el resto de las personas le conceden a aquello que yo hago.

Es que, si no me siento apreciado, la vida pierde sentido.

Vivir también es un arte. Está el arte del pintor y del literato, el arte del contador y del administrador. Está el arte del cineasta, y también el arte del orfebre. La oratoria puede ser un placer inspirador o una aburrida letanía.

Pienso que uno podría encontrar gran dicha en aquello que hace y disfrutarlo tal como se hace frente a una obra de arte. El regocijo, entonces, podría estar en vivir como si cada segundo fuera la nota precisa de una sinfonía celestial planeada desde lo eterno con sus adagios, sus allegros y sus andantes. Claro que también se puede

perder el aprecio por la vida entonando los acordes del *dies irae*, la melodía de la muerte.

¿Qué piensas de esto?

Yo sostengo que la vida es un arte cuyo oficio debe ser perfeccionado por el artesano, y su manifestación plena está escondida en el proceso que sufre mientras es tallada, pulida y coloreada.

Sin embargo, así como una pieza musical apunta a despertar las emociones; tal como una puesta en escena intenta narrar una historia; tal como una pintura aspira a emular un pedazo de la realidad, de la misma forma la vida tiene un norte, un diseño y un propósito.

Mientras más dedicas tu vida a cosas que están fuera de tu propósito, más te alejas de la plenitud, yendo hacia un agotador traste de sueños rotos. Y al revés, mientras más entregas tu tiempo a cosas que van con tu propósito, más percibes ese sentir de satisfacción personal que te trae un sentido de trascendencia.

En este sentido, lo importante es no errar en el blanco, acertar con cuál es tu propósito. Errar en el blanco en griego es "amartia", lo que en la Biblia se traduce como "pecado".

En este punto, los distintos debates existenciales suelen perder utilidad:

Platón anhelando una forma superior de conocimiento.

Aristóteles en la búsqueda del Bien Supremo.

Epicuro procuraba evitar el dolor.

Los estoicos pretendían desechar toda alteración de las emociones.

Nietzche asegura que la vida es un conjunto de fuerzas físico biológicas que no están conectadas a ningún aspecto consciente o intencional del ser humano.

Schopenhauer termina afirmando que la existencia es sufrimiento.

Al mirar todo ese listado, ¿no te suena a que todos han querido darle una explicación racional a algo que está más allá de nosotros? Los mayores filósofos han sido incapaces de darle sentido a la vida. Es uno de esos puntos en donde se hace evidente que a la filosofía le hace falta Biblia.

El novelista León Tolstoi estuvo al borde del suicidio justamente por no encontrarle un sentido a la vida. Vaciló muchas veces, luchando contra su propio deseo de acabar con su existencia. La única forma que encontró para salir de ese pozo mental fue la persona de Jesús; no la religión sino encontrarse con él, y sobre todo al ser impactado por las palabras del maestro: el reino de Dios ya está en vosotros. Al final terminó diciendo:

"El único sentido de esta vida consiste en ayudar a establecer el reino de Dios". (León Tolstoi)

¡Fíjate en esto!

Según los estudios de la doctora Barbara Fredrickson, directora del laboratorio de las Emociones Positivas en la Universidad de Carolina del Norte, el placer que buscamos incide directamente en la forma en que vemos la vida. Para la doctora Barbara, existen dos tipos de bienestar psicológico. Uno está vinculado con poseer una motivación que le dé sentido a la vida. Lo que yo llamaría propósito. El otro se basa en la búsqueda constante de autogratificación. Este, según la doctora, es como una caloría vacía que no le aporta nada al bienestar.

En otras palabras: intentar satisfacer todos los placeres inmediatos que ofrece el mundo actual no te ayuda a apreciar la vida; por el contrario, puede quitarte el deseo de vivirla. Encontrar un propósito por el cual existimos nos otorga no solo bienestar psicoemocional, sino que también podría tener un efecto positivo en nuestra genética.

Pero claro, eso es algo que Dios ya nos dijo antes en la Palabra Eterna.

> **En la pirámide de las necesidades de Maslow, la parte más baja era para las necesidades fisiológicas y el lugar más alto lo ocupaba la autorrealización. Al final de su vida reconoció que había una necesidad mayor que la autorrealización: la autotrascendencia, más allá de mis propios propósitos.**

DIMENSIÓN ESPIRITUAL

Vivir la vida sin un propósito de seguro es desalentador. Levantarse cada día sin un norte hacia donde caminar, hace que ese camino sea tortuoso.

La Biblia, sin embargo, describe la vida como un viaje lleno de intención, un designio divino que nos abre un cúmulo de posibilidades que conllevan un sentido de realización, no en la meta solamente, sino en cada parte del viaje.

La pérdida del sentido de vivir nos sucede a todos alguna vez. Ese momento en que cuestionamos nuestras motivaciones, nuestro ánimo decae y nos envolvemos de una atmósfera pesimista porque sentimos que no hay razón para estar en este mundo. La Biblia habla de esa sensación en el libro de Eclesiastés. "Vanidad de vanidades, todo es vanidad" (Eclesiastés 1:2 RVR1960). Así se expresa el autor del libro que se hace llamar "el predicador".

"Estas son las palabras del Predicador, hijo de David, rey de Jerusalén. Según mi entender, nada vale la pena; todo es vano. Pues, ¿qué obtiene la gente de todo su trabajo? Generaciones vienen y generaciones van y todo sigue igual. Sale el sol y se pone, y en rápido giro vuelve a surgir. Sopla el viento del sur y del norte, aquí y allá, yendo y volviendo, sin ir a ninguna parte. Los ríos desembocan en el mar y este nunca se llena, y el agua vuelve a los ríos y nuevamente fluye hacia el mar. Todo es indecible fastidio y fatiga. Por más que vemos, jamás nos satisfacemos; por más que oímos, no estamos contentos". (Eclesiastés 1:1-8)

El predicador está en lo correcto. Desde la perspectiva humana todo es así. Nada parece tener mayor sentido. Los ríos desembocan en el mar y este nunca se sacia, y luego todo vuelve a empezar. El ciclo del agua es un ejemplo práctico de Sísifo empujando incansablemente la roca. El viento va y viene. Todo lo que sube tiene que bajar y todo lo que nace tiene que morir.

Leer esta porción bíblica en el contexto de este libro de dilemas filosóficos, me hace pensar que el mismo Camus debió haber leído al predicador antes de escribir el Mito de Sísifo. No tengo pruebas, pero tampoco dudas. ¡Ja!

¡Vanidad de vanidades! Dijo el Predicador. En hebreo vanidad es "hebel", que significa vapor. Todo este libro extraño que aparece en la Biblia nos plantea el sinsentido de la vida desde diferentes ángulos,

llegando a la misma conclusión sea cual sea la "filosofía de vida" que adoptes: nada tiene sentido (a menos que haya una perspectiva eterna de la vida).

Lo que sí puedo decir con total certeza es que los sentimientos que ambos autores están experimentando tienen que ver con la misma raíz: el desaliento por la vida. Es ese nivel de descontento interno que nos hace menospreciar todo lo que en otro momento hemos hecho, disfrutado, creído y perseguido. Y es que la Biblia no esconde sentimientos, emociones, frustraciones ni escándalos.

Te recuerdo algunos ejemplos:

Elías había derrotado a cientos de profetas de dioses paganos dejando que el poder del Dios verdadero fuera manifestado con toda contundencia en un encuentro que se imprimiría para siempre en la memoria de cada uno. Pero minutos más tarde, recibe una amenaza de muerte de la reina Jezabel y el renombrado Elías se deja atrapar por el miedo y empieza a suplicar; quizás Dios acceda a quitarle la vida.

"Luego se internó en el desierto. Después de caminar todo un día, se sentó bajo un arbusto, y sintió deseos de morir.

«¡Basta! —le dijo al Señor—. ¡Quítame la vida, pues no soy mejor que mis antepasados!»". (1 Reyes 19:4)

Dios tuvo que enviar un ángel hasta Elías para pedirle que volviera a probar alimento, porque hasta eso había dejado. Eso nos sucede a nosotros también. En un minuto estamos derrotando gigantes, y no mucho después nos sentimos derrotados y llenos de angustia por una amenaza de muerte, un despido, una deuda pendiente o la muerte de un ser querido.

> **La influencia de las emociones en nuestro razonamiento es desbordante. El libro "Inteligencia Emocional" de Daniel Goleman es un buen estudio divulgativo al respecto.**

El caso de Pedro es patético. Jesús le había dicho que, dentro de poco, él le traicionaría. Pedro declaró que jamás haría algo como eso. Pero era verdad. Ya lo ves allí, lamentándose amargamente porque su maestro tuvo razón una vez más. Estaba tan desconsolado que solo consiguió estallar en un llanto desmedido, mientras intentaba ocultarse de quienes lo perseguían.

¿Qué sentido tendría la vida de Pedro sin Jesús? Ya no habría mañanas de oración, comidas íntimas o tardes de meditación. Ya no habría agua para saciarse ni tampoco el pan de vida. Solo habría muerte, una muerte interior. Cada día sería como empujar una roca sobre una colina sin sentido, y Pedro lo sabía. No podía hacer nada para cambiar esa realidad.

Días más tarde, cuando ya Jesús había resucitado, se llevó a Pedro aparte, como lo hizo tantas veces en esos últimos años. Pero esta vez era diferente. Pedro no se sentía digno. Tampoco se sentiría digno después. Sabía que había fallado y esa sería una marca en su vida, un recordatorio constante de su traición. Pero en ese momento decidió tomar las riendas, poner su mano en ese arado que Jesús le ponía delante.

¡Apacienta mis ovejas!

Aquel día, Pedro encontró su propósito, su destino. Una meta suprema que traería sentido a su vida cada vez que el abatimiento lo sorprendiera.

En cambio, está el caso de Judas.

Un discípulo atolondrado. Con un corazón algo inclinado hacia el dinero. Aunque eso es común. Nos pasa a todos. Pero tenía buenas intenciones. Pensó que ese era el momento de que el Mesías se manifestara a todos y, viendo la oportunidad de que así sucediera, planeó una confrontación con las autoridades religiosas. "Así Jesús se hará ver al mundo y todos podrán ver lo que yo puedo ver", pensó. Pero Jesús no habló. Permaneció callado y aceptó una culpa que no tenía. Así debía ser. Y Judas lo vio actuar así hasta quedar colgado en una cruz.

Judas de seguro sentía que la cruz la merecía él mismo. No era justo. Ni siquiera las pocas monedas de plata que recibió por aquella maldita venta le ayudarían a quitar el peso que sentía. Había matado al Maestro. La vida no tendría sentido luego de eso. Para nada. Sentía que no merecía vivir. Y la sola idea de morir le aterraba, pero no halló una forma diferente para librarse de la culpa que lo perseguía. ¡Aceldama! Así llamaban al campo donde se quitó la vida colgándose de un árbol. Significa "campo de sangre" porque de allí sustraían del suelo tierra roja para usarla como arcilla de alfarero. Irónico que ahora la sangre era real y no solo la arcillosa tierra carmesí.

Para Judas no aparecieron más metas ni nada trascendente, ni ninguna otra oportunidad de redención. Cero propósitos. Cero futuro. Solo un charco de culpa y una cuerda.

Entonces, ¿qué le da sentido a la vida?

Camus decía que cualquier cosa que hagamos para darle sentido a la vida es algo absurdo porque la vida también es absurda. Según Camus, el ser humano tendría tres opciones para soportar esta vida irracional: la religión, el suicidio o la aceptación.

Definitivamente, la segunda no es una alternativa a tomar. La tercera suena a una pobre conformidad que tampoco te dejaría disfrutar de ella. La primera tampoco es viable, pues la religión no es más que un acuerdo entre muchos sobre cuál es la forma de buscar a Dios. La religión no es trascendente. Dios lo es. El Padre es mucho más que la religión, y no necesita de una religión para amar y dejarse amar. Lo hace porque Él es amor. Y por ese mismo amor nos da propósito; nos da destino y trascendencia.

Mantener nuestro enfoque en una meta superior a nosotros mismos es imprescindible para que la vida tenga sentido. No es suficiente con tener una buena meta personal o intenciones loables. De seguro habrá satisfacción personal en el cumplimiento de metas personales, pero es muy probable que siga habiendo un vacío por llenar, por lo que el ser humano irá por una meta tras otra.

Por eso hace falta una meta superior. Que esté más allá de nosotros, de nuestros anhelos como seres humanos. Una meta trascendente, no temporal.

"En el corazón del hombre hay un vacío que tiene la forma de Dios. Este vacío no puede ser llenado por ninguna cosa creada. Él puede ser llenado únicamente por Dios, hecho conocido mediante Cristo Jesús". (Blaise Pascal)

O también, como dijo San Agustín en sus primeros párrafos de su libro confesiones: "Nos hiciste, Señor, para ti, y nuestro corazón está inquieto, hasta que descanse en ti".

Podemos pasar la vida entera intentando cumplir todos nuestros deseos naturales o saciando nuestra sed por ser reconocidos, por alcanzar un nivel superior de conocimiento, por llenarnos de cosas materiales, y profundizando en nuestras relaciones más significativas; todo eso y más, pero sin Dios, nuestro corazón estará vacío.

Después de todo, de eso se trata ese devenir emotivo que provoca deseos de no seguir viviendo. Una vida sin Dios es como un mar sin agua, vacío de propósito, seco y carente de fruto.

Dios tuvo que encontrarse con Elías a nivel personal para sacarlo del fondo de ese pozo depresivo en el que se había metido. Se mostró como un poderoso viento, como un terremoto, se presentó con el poder del fuego, pero Elías no lo pudo reconocer. Finalmente se presentó como un silbido apacible, un sonido ligero que se deslizaba a través de un delicado soplo. Y Elías al fin pudo reconocer allí a Dios.

En ese susurro Dios le recordó su propósito, para qué había sido llamado. Lo envió a ungir al próximo rey de Siria, al que sería rey de Israel, y al profeta que sería su sucesor, Eliseo. Era su llamado, su asignación eterna, el legado que debía dejar al mundo.

Así mismo hace con cada uno de nosotros cuando estamos atravesando esa condición de muerte. Nos escucha, luego nos apacigua silbando un aliento de paz sobre nosotros, nos restaura, y cuando ya nos hemos levantado, nos envía de vuelta hacia nuestra misión, nos hace trascendentes.

Eso hace conmigo cada vez que decaigo. Y eso hará contigo, si tú le dejas.

Ahora, respecto de Sísifo. La vida para un seguidor de Jesús no debería ser empujar una roca diariamente como una especie de castigo, sino un dejarse levantar por el poder de Aquel que venció a la muerte, y dejarse colocar sobre la Roca Eterna que es Él mismo. Sobre Él hay estabilidad, seguridad, sentido, paz.

Amén. Jesús cargó nuestra roca, nuestra culpa, nuestros errores, y los echó a lo profundo del mar. Para que seamos libres, incluso de nuestros propios planes.

DIÁLOGOS

Aquí va otra vez esta sección de preguntas. Puedes usarlas para meditar, para compartir con otros algunas conversaciones profundas y para provocar citas divinas. Quién nos quita que a partir de ellas alguien pueda encontrar la luz que andaba buscando.

¿Eres feliz? ¿Qué te trae felicidad?

¿Cuál es tu propósito en la vida?

¿Tiene sentido estar vivo?

¿Has tenido deseos de ya no estarlo?

¿Sientes que eres como Sísifo? Esto es: empujando una roca sin descanso.

¿Qué haces cuando pierdes algo que te motiva?

¿Cómo manejas el desánimo y la frustración?

¿Qué sentido tiene la vida para ti luego de leer este material?

Crea con tu grupo de discipulado conversaciones dinámicas a través de estas preguntas y acompaña a todos en sus tiempos de reflexión sobre cada una de ellas.

Ten en cuenta que:

Algunos en el grupo podrían estar luchando en su mente con la soledad, o quizás en algún momento de su vida hayan tenido intentos de quitarse la vida. Es más común de lo que crees. Trata de ser sensible a la voz de Dios en medio de este caminar. Quién sabe, quizás a través de estas preguntas podrás evitar que más de uno tome una mala decisión.

Motiva a tus discípulos a que estén atentos a su entorno. En su contexto habrá otras personas que se cuestionen el hecho de estar vivos, o que hayan perdido el sentido de vivir. Enséñales a ser de ayuda para sus familiares o amigos.

POSTULADO 3

El arquetipo de la sombra y la oscuridad que habita en mí

"Todavía ignoramos la esencia de nuestra propia alma, refulgente antorcha que ilumina tan lejanos objetos. Vivimos nuestra propia vida sin preocuparnos debidamente de las leyes que la gobiernan y los principios a los que debemos su existencia".

Richard Müller-Freienfels - *Tu Alma y la Ajena*

Carl Gustav Jung es un representante prolífico de la psicología. Fue discípulo de Sigmund Freud, aunque fue uno de esos aprendices que no se limitó a aprender y practicar lo que recibía de su mentor, sino que logró innovar y revolucionar las ideas de Freud y del psicoanálisis, sobrepasando y hasta alejándose diametralmente de dichos criterios.

Uno de los aspectos más interesantes de esta importante figura de la psicología, es el criterio filosófico con el que formulaba sus principios, pero también llama mucho la atención el interés por la parte espiritual de la persona, que era algo que otros ignoraban. Jung afirmaba que muchos de los aspectos que la psicología trata en las personas, giran alrededor de esa sensación de haber perdido lo que una religión viva ofrece a sus adeptos, no tanto por ser o sentirse parte de un credo en particular o adherirse a una iglesia, sino por lo que él llama "la necesidad de integrar la dimensión espiritual".

A una temprana edad, Jung empezó a tener sueños vividos y poco comunes, lo que le llevó a emprender estudios sobre el simbolismo de estos. El resultado de dedicarle gran parte de su vida al estudio de lo onírico devino en la creación de la teoría de los arquetipos. Fue la forma en que Jung explicaba los diferentes roles que ocupamos los seres humanos en nuestro diario vivir.

La mayoría de personajes de libros o películas caen en un arquetipo. El héroe, el explorador, el rebelde, el sabio, el bufón. Otros arquetipos son los del yo, como el ánima, la persona o la sombra. De este último estaremos hablando en este capítulo.

La teoría de los arquetipos de Jung es sumamente atrayente; a lo largo de la historia, de una u otra manera, hemos intentado tener referentes que nos expliquen. Efectivamente, en la actualidad no hay relato, película, serie de televisión, etc., que no muestre personajes que expongan rasgos de estos arquetipos definidos por Jung. Dichos arquetipos nos resultan comunes a todos debido a lo que Jung denomina el "inconsciente colectivo". Por otro lado, también se considera que en cada uno de nosotros están representados los arquetipos del "yo".

¿DÓNDE ESTÁ EL DILEMA?

¿Qué es la sombra?

Hay que explicarlo en palabras simples. La mente del ser humano funciona en dos dimensiones, la consciente y la inconsciente. La sombra es la personificación de lo inconsciente (ten en cuenta que todo esto es una referencia a las afirmaciones de Jung).

Jung creía que las cosas que se vivían en la niñez eran vitales en la construcción de la sombra. Es esa zona oscura en donde reprimimos aquellas experiencias, recuerdos o inclusive actitudes que no son aceptadas por nuestra familia o por la sociedad.

Es decir, yo tengo mi sombra y tú tienes la tuya. Está escondida en nuestro inconsciente y no la queremos dejar salir, aunque a veces toma protagonismo.

Otra manera de decirlo es: nuestra ruptura, nuestras frustraciones y dolor profundos, heridas no sanadas que nos condicionan, etc.

Como dice Álex, la sombra es esa parte de mi ser que alimento con todo aquello que no quiero que los otros sepan de mí; mis heridas y vergüenzas. Lo escondo, le asigno un lugar dentro de mi interior para que no salga a la luz, pero está allí. A veces son cosas malas, tentaciones, deseos impuros o pensamientos gobernados por emociones negativas. Pero también se pueden reprimir talentos, creencias, deseos positivos. Una de las cosas que más se reprimen son los recuerdos dolorosos. Así es como la sombra se alimenta.

Hablando de oscuridad: ¿qué sucedería si nunca iluminas los lados oscuros de tu vida? ¿Se podrán reprimir por siempre?

Uno pensaría que es capaz de esconder esos malos pensamientos, las tinieblas que uno lleva dentro, pero podría llegar a convertirse en un arma de doble filo. Uno termina volviéndose un fariseo en secreto, porque es más fácil resaltar los defectos de otros que reconocer las debilidades propias. Alguien así es un experto en encontrar la paja en el ojo ajeno, pero que poco se preocupa por sacar la viga que inflama su propio ojo.

Y claro, no estoy diciendo que gracias a tus malas acciones te irás convirtiendo de forma paulatina en un ser extraño y malvado.

¿O sí?

Bueno, en realidad así es como funcionan las adicciones. De pronto miras un poco de pornografía y no se lo dices a nadie. Pasado el momento del deleite, te sientes sucio, te lamentas y lo escondes para que nadie lo sepa. Pero en una próxima oportunidad lo haces de nuevo. Es como caer en un agujero y para intentar salir empiezas a cavar hacia abajo haciendo el hoyo cada vez más profundo, más oscuro, más sombrío. Si ese camino no da un giro, lo que sucederá es que aquello que escondes en tu sombra será tu nuevo yo. Alguien habituado a las imágenes sensuales, alguien que las promueve, se regocija en ello, y se junta con quienes hacen lo mismo. Luego te diviertes enviando memes cargados de obscenidad y buscando prácticas sexuales que le provean nuevas sensaciones a un cuerpo que ya se acostumbró a la poderosa influencia que proporciona la combinación explosiva de la oxitocina y la dopamina corriendo en la sangre.

Es más común de lo que crees. Tarde o temprano aquello que escondes saldrá a la luz, y deberás decidir si te atrapa y te domina, o si encuentras la redención y libertad que tanto anhelas.

Sin embargo, una adicción es apenas una consecuencia de algo más. Es un fruto podrido de un árbol de raíces contaminadas. De igual manera, la sombra tiene su origen más atrás, en las primeras etapas de la vida.

Es como aquella niña que sufre, siendo muy pequeña, el divorcio de sus padres. La figura paterna empieza a serle distante, y se convierte en una carencia que no se resuelve, que no se llena con nada. Esa niña, tarde o temprano buscará la manera de llenar ese vacío, y claro, como a cada persona, le sucederá de manera diferente. Tomará decisiones, elegirá caminos, escogerá amistades u optará por prácticas que le permitan sentirse llena en esa área en particular. ¿A dónde llegará? Es imposible saberlo. Podría convertirse en una mujer promiscua, buscando ser validada en infinidad de relaciones, o se aferrará a un deporte que le haga sentirse viva y completa, o se llenará de mascotas a quien atender, o tendrá constantes problemas en su matrimonio, pensando que su esposo se irá en algún momento, o se volverá una activista del feminismo o preferirá la vida homosexual. Allí sale a la luz la sombra, lo que se guardó, lo que se escondió.

Como siempre, el por qué hacemos lo que hacemos es más importante que lo que hacemos. Lo que debemos resolver es el porqué.

De aquí nace la necesidad de poner en práctica la inscripción en la entrada del templo del dios griego Apolo: "Conócete a ti mismo". Tal como se lo dijo el oráculo a Neo en la Matrix, para hacerle descubrir que no era el elegido. ¿O sí lo era?

Conocerse a uno mismo implica más allá que el hecho habitual de saber quiénes somos. Implica reconocer nuestras debilidades, nuestros deseos más puros, pero también los más viciados. Implica no vivir engañado con una imagen fantástica de nosotros, ni mostrar esa imagen a otros como si fuera la real.

El que conoce sus límites se conoce a sí mismo.

Pero, ¿cómo conocerme a mí mismo?

¿Cómo puedo conocer lo que está oculto en mi alma?

Es urgente saberlo, porque hay muchas sombras que andan por ahí tomando protagonismo y afectando a la sociedad. La sombra ha salido a la luz en aquel macho que se vuelve violento con las mujeres, en aquel violador contumaz, en el político corrupto, en el líder que manipula.

La sombra sale a la luz en aquel pastor que se enseñorea de su grey, en el creyente que se vuelve ateo, o en el ateo que se vuelve religioso. Cuando la sombra se manifiesta, se nota, se deja ver sin disfraz, llama la atención y se hace popular.

¿Puede alguien vivir una doble vida?

Claro que puede.

Pero, ¿debe?

¿Hasta cuándo seguiremos enfermos de pasiones desordenadas, alardeando santidad y fingiendo que la oscuridad no está allí?

ARTE CIENCIA Y CULTURA POP

El arquetipo de la sombra se ha planteado en varios personajes de la cultura popular. El Hobbit Smeagol se sintió seducido por el anillo único. Su primo Deagol lo había encontrado en el fondo del río y ahora estaba en su poder. Smeagol no pudo resistir la atracción y se convirtió en el asesino de su primo, atrapó el anillo y corrió a esconderse en una cueva en las montañas nubladas. Allí alimentó su sombra, se corrompió, se pervirtió hasta que su lado oscuro salió a la luz en la forma de una nueva personalidad, Gollum.

Recuerda también a Dorian Gray. Aquel hombre que hace un pacto para vivir eternamente su hedonismo, mientras su retrato (que es una alegoría de su alma) se pudre y se corrompe cada vez más. Por un tiempo mantenía la pintura en la sala de su casa, como un testigo perenne de su belleza, de su orgullo, expuesta para que todo el mundo la viera. Pero con el tiempo, mientras iba dando rienda suelta a su yo malvado, la hermosura de Dorian permanecía intacta, al tiempo que su retrato iba adquiriendo los rasgos de su maldad. Dorian debe esconder el cuadro en un lugar inaccesible de su casa, entre las sombras. El retrato es la sombra, es lo que Dorian intenta esconder. Es lo horripilante de nuestro ser que todos intentamos esconder.

¿Y qué tal Heisenberg? En Breaking bad, un hombre afligido por una vida llena de insatisfacción, deudas y enfermedad, decide sacar su sombra a la luz para ver qué tan lejos puede llegar. Para muchos, Walter White llegó a convertirse en una especie de héroe poco convencional que logró vivir el sueño oculto de quienes lo admiraban. Tener tanto dinero y poder "sin hacer daño a nadie".

Una de las mejores series de la historia, sin duda. Refleja a la perfección nuestra capacidad para el mal, eso que la Biblia llama "concupiscencia".

¿Te has preguntado por qué tantos villanos son ahora nuestros héroes?

Toreto es un ladrón, el héroe favorito de millones solo porque habla de la familia.

Atrápame si puedes, con el mismo Di Caprio.

Para quienes gustan del anime, está "los siete pecados capitales", donde los héroes son los pecados y los malvados son los mandamientos. Ya queremos que Meliodas consiga convertirse en el rey demonio para que le dé su merecido a todos los "malvados" y libere a Elizabeth de la maldición que la aflige. Imagina eso, un demonio intentando liberar a su amada de un maleficio demoníaco. Me recuerda a aquella conversación cuando Jesús hablaba de demonios y decía: una casa dividida contra sí misma jamás prosperará. (Lucas 11:14-23)

Otro ejemplo:

En la última película del Joker, Joaquin Phoenix nos hizo empatizar tanto con su personaje que terminamos siendo fans del villano. Repito: fans del villano.

Es inevitable empatizar con el protagonista de una obra, aunque este sea un antihéroe. Si el punto de vista que se nos ofrece es el del villano, intentaremos comprenderlo, porque de alguna u otra manera, ese villano vibra por simpatía con el que tenemos dentro cada uno de nosotros. Lo "entendemos". Los autores lo saben.

Me encanta el cine y amo pasar tiempo en familia viendo películas de todo tipo. Pero al hacer la lista, y de seguro tú puedes aumentarla, me encuentro con esta premisa: ¿no será que intentamos disfrutar la vida desde estos personajes? Como si ese lado oculto que tenemos dentro intentara salir a flote. Como si en nuestro inconsciente colectivo (como decía Jung) estuviese latente ese deseo por ser alguien más, por vivir la vida de otro, o por sacar ese lado oculto de mis deseos, mi otro yo.

En fin, allí es donde la sombra se esconde. Justo donde están los deseos reprimidos de las personas. Lo que yo quisiera ser y hacer, pero no puedo por ser quien soy, eso lo consigue mi sombra.

Sin duda todos tenemos una sombra, algo que contenemos en la oscuridad por miedo a lo que sucedería si lo exponemos a la luz. Pero el reprimirlo no sirve de nada; intentar tapar el sol con un dedo no va a hacer que el sol desaparezca. La oscuridad está ahí conviviendo con la luz, pero no te darás cuenta de ello hasta que seas consciente de que está ahí.

Si pudieras estar frente a frente con tu "yo" malvado, ¿qué le dirías?

En fin, tienes tu propio "Venom" perturbando tu consciencia y pidiendo urgentemente alimento. Tu propio Gollum queriendo tomar protagonismo. Tu Hulk personal que te convierte en un potencial monstruo verde que explota cuando la ira reprimida no logra ser contenida.

La cultura nos muestra de varias formas la expresión de la sombra; más que eso, nos demuestra que todos la identifican, aunque no todos la enfrentan.

¿Qué hacer con nuestra sombra interior?

DIMENSIÓN ESPIRITUAL

En ese proceso de conocernos a nosotros mismos es clave identificar la sombra, nuestra porción oscura.

Una de las cosas que me persiguen es una baja autoestima, que suele provocar una actitud de orgullo. Me di cuenta de que aunque podía ser una buena persona, tener una buena relación con la mayoría de la gente, aceptar las críticas y demás, mi sombra albergaba una necesidad de ser aprobado, y cuando no obtenía la aprobación que necesitaba, surgían dentro mío esos rasgos de orgullo buscando esa aprobación. Mi sombra quería ser reconocida, aceptada, admirada, aclamada, y cuando eso no sucedía mis actitudes variaban entre la ansiedad, la ira, la depresión y otros comportamientos compulsivos.

Identificar mi sombra me ayudó a lidiar con esos defectos de mi carácter que salían a la luz cada vez que me sentía rechazado o necesitado de afecto o reconocimiento. Mi orgullo no me dejaba reconocer mis errores y me volvía intransigente y huraño. Reconocerlo fue la primera parte, tratar su origen fue la segunda, y no es fácil. Toma tiempo. Sigue tomando tiempo.

Detrás de todo personaje perfecto, siempre hay una persona que llora, decía Henri Nouwen.

Pablo nos habla de cómo pudo identificar la sombra en su interior. La llamó "el pecado que mora en mi". Todo el capítulo 7 de la Carta de Pablo a los Romanos habla de la sombra como una semilla en mi interior que me lleva a hacer cosas que no quiero hacer. Que cuando quiero hacer cosas buenas, la sombra me inclina hacia las malas.

¿Cómo pudo Pablo identificar su sombra?

Gracias a la instrucción de Dios, lo que injustamente se ha denominado de forma taxativa como "la Ley".

Si no fuera porque Dios nos entregó instrucciones precisas de cómo vivir, no sabríamos qué es lo que está bien y qué es lo que está mal. No solo en la Biblia. Dios puso en nuestros corazones la capacidad de distinguir entre lo bueno y lo malo, entre la luz y la sombra. En la práctica, sabemos cuándo la sombra toma protagonismo, y nos lleva a hacer algo que no queremos, a reaccionar de forma inconveniente, a herir a los que amamos, a pelearnos contra el mundo o a buscar satisfacer los vacíos internos con cualquier vicio emocional o físico.

Entonces, ¿solo se trata del pecado? ¿Eso es la sombra?

Depende de cómo entiendas la palabra pecado. Pecado es algo más que solo transgredir la ley de Dios; pecado en su traducción literal significa "errar al blanco". No darle al centro. Te lo pongo de esta manera: si para ir a la universidad debes tomar un autobús y por error tomas otro, ese error te hará desviarte de la ruta trazada, y lo más probable es que no llegues a tu destino, o por lo menos que te tome más tiempo de lo planeado. Es una desviación del propósito y del diseño. Cuando haces cosas que están fuera de tu propósito, eso es pecado. Cuando haces cosas que están fuera de tu diseño, eso es pecado también.

Otro ejemplo:

Cuando tomas un zapato y lo usas para detener la puerta, ese zapato está en pecado. Está fuera de su propósito, haciendo algo que no es su diseño. Puede ser útil y servir bastante bien para eso, pero se ha desviado.

La sombra nos desvía, nos saca del camino, nos lleva por vías sinuosas y lugares secos, saca lo peor de nosotros, puede provocar rupturas, reacciones mal intencionadas, conflictos desmedidos, relaciones rotas. Nos cambia para mal.

Pedro dejó salir su iracunda sombra cuando cortó la oreja de Malco, el siervo del sumo sacerdote.

Santiago y Juan dejaron salir su soberbia sombra cuando pedían a Jesús estar en un lugar de privilegio en su reino.

La sombra de Judas era la codicia.

La sombra de Tomás era la incredulidad.

La sombra del rey Saúl le hizo buscar una adivina, la sombra de

Moisés le hizo golpear la roca en lugar de hablarle, la sombra de David lo hizo adulterar, mentir y asesinar.

La sombra te lleva a tropezar, a cometer errores, a desviarte del camino. Te puede hacer insensible, adulador o chismoso. Te puede llevar a una prisión de falta de perdón y de amargura, o te hará caer en el laberinto de la arrogancia.

La sombra está llena de actitudes contra las que debemos combatir.

"¡Hagan morir todo lo que viene de la naturaleza pecaminosa! Apártense de los pecados sexuales, las impurezas, las pasiones bajas y vergonzosas y del deseo de acumular más y más cosas, pues eso es idolatría". (Colosenses 3:5)

Jesús es la luz del mundo. Él mismo lo dijo así. Y antes de conocerle estábamos en oscuridad, sujetos a los deseos de nuestra propia sombra. Tomar una decisión por Cristo nos hace parte del reino de la luz, y salimos de las tinieblas de donde la sombra se alimenta, y entramos en una dimensión de luz.

Al fin y al cabo, ¿para qué vino Jesús?:

"...para dar luz a los que viven en tinieblas y en la más terrible oscuridad; para guiar nuestros pasos por el camino de la paz". (Lucas 1:79)

"Pero ustedes son una familia escogida, son sacerdotes reales y son una nación santa. Son un pueblo que Dios compró para que anuncien sus obras extraordinarias; él fue quien los llamó de las tinieblas a su luz maravillosa". (1 Pedro2:9)

¿Quiere decir esto que a partir de allí nuestra sombra muere?

No. Por el contrario, entramos en una batalla para que esta

persona antigua a la que hemos decidido renunciar no vuelva a tomar protagonismo. Si no logramos someter a nuestra sombra, probablemente viviremos una doble vida. Seremos de una forma frente a los cristianos, y tomaremos otra actitud diferente cuando estemos en un contexto lejano a la iglesia.

¡Qué terrible!

¿Qué consejo te puedo dar?

Trata tu sombra. Aprende a lidiar con ella. Hazla morir. Busca sanar las áreas de tu corazón de las cuales se alimenta y no le dejes espacio para tomar protagonismo. Aprende a batallar con esos deseos y no los escondas. Consigue alguien con quien puedas hablar sobre estos temas y sácalos a la luz; pon tu sombra al descubierto. Mientras más la escondas, más fuerte se hará, pero mientras más hables de ella, más débil se volverá y poco a poco dejará de tener una influencia poderosa sobre tu vida.

¡Enfréntala!

Podemos intentar negar nuestra sombra, pero será inútil. La negación solo la alimentará más. Hay que enfrentarse a ella, reconocerla, ponerle nombre, ser consciente. Y cruzar de Romanos 7 a Romanos 8. La sombra solo crece en los lugares donde el amor de Dios todavía no gobierna. La sombra nunca nos dejará del todo, pero no tiene por qué determinar nuestras acciones. Es en ese lugar de intimidad, en ese desierto, donde debemos enfrentarnos a ella, y con la Palabra de Dios ponerle freno. Como hizo Jesús en sus famosas "tentaciones".

DIÁLOGOS

Usa este espacio para compartir en un grupo de discipulado sobre la batalla de cada uno. Si bien también puedes hacerlo a solas, siempre es mejor cuando nos acompañamos unos a otros en el camino hacia la madurez en Jesús.

¿Cómo describirías tu propia sombra?

¿Cuál es la parte de tu interior con la que se te hace más difícil batallar?

¿Puedes reconocer la sombra en otros?

¿Cómo puedes ayudar a alguien que lucha con algo personal e íntimo sin juzgarlo?

¿Puedes reconocer los vacíos de tu corazón?

Habla de una parte de tu pasado que sientas que produjo actitudes de temor, tristeza, ira, vergüenza, rencor o cualquier otro sentimiento sombrío.

Ten en cuenta que:

Si estás al frente de un grupo de discipulado, este tipo de temas provocará conversaciones más profundas en un futuro cercano. Debes prepararte y estar dispuesto para cuando eso suceda. Pero no olvides que no puedes caminar solo. Debes tener también alguien con quien desahogarte y que te ayude a sacar a la luz tu propia sombra. No por ser quien está al frente estás exento de lidiar con ella.

CIERRE DEL TÓPICO:
DILEMAS DEL SER INTERIOR
POR ÁLEX

¿Quién soy? Una pregunta sobre la identidad, sobre el ser. ¿Para dónde voy? Una pregunta para el rumbo de mi vida, mi propósito. ¿De dónde vengo? Una pregunta sobre el origen. ¿Qué hay en la raíz de mi conducta, en lo profundo de mi carácter que me hace actuar así? ¿Por qué soy así? He aquí Teseo, Sísifo y la sombra.

El ser humano a lo largo de la historia ha pretendido responderse estas preguntas filosóficas sobre sí mismo de múltiples maneras para construir una cosmovisión que tenga sentido, una perspectiva razonada de la vida que sea coherente. Todos, de alguna manera, nos las hemos respondido a nosotros mismos, aunque sea de manera tácita. Porque todos tenemos una cosmovisión. Quizá no sabemos que tienen que ver con Teseo, o jamás hemos leído ningún libro de Jung. No lo hemos expresado con ejemplos de la mitología griega, pero compartimos sus teorías; nos lo hemos planteado y hemos elegido. Todos somos filósofos.

Las aristas y la profundidad de estos temas implican un trabajo tan complejo y hondo que navegar solos por esta cueva que es el alma humana puede volvernos locos. Por eso el salmista acude a Dios,

para no bucear en su ser, en su existencia y sus preguntas más vitales sin una brújula clara:
"Examíname, Dios, y conoce mi corazón; pruébame y conoce mis pensamientos.
Señálame lo que en mí te ofende, y guíame por la senda de la vida eterna".
(Salmo 139:23-24)

Examinarme a mí mismo puede llevarme a la locura. ¿Cómo mi yo puede examinar a mi yo? ¡Si ni siquiera sé quién soy yo! Es un yo cambiante, escurridizo, insuficiente, al estilo de Teseo. Es un bucle infernal, una trampa del ego, una carga absurda; la introspección sin dirección puede ser más pesada que la roca de Sísifo. ¡Cuántos de nosotros en este siglo XXI vivimos atrapados en nosotros mismos! Estamos ensimismados. Roca arriba, roca abajo, incapaces de escapar de un estilo de vida que nos prometía el triunfo de la carrera personal, pero que es una trampa, una carrera que nunca termina y que no tiene una dirección clara.
Porque solo Dios puede ayudarme a orientarme en mi interior, señalar mis "sombras" y guiarme por la senda, no temporal, sino eterna.
"Examíname, Dios, y conoce mi corazón;" Que sea Dios, Jesús, quien nos examine, a la luz de su Palabra, y que alumbre nuestros pensamientos. Porque el dilema del ser interior necesita de un punto de referencia externo a él para ser resuelto.

Y sigue resonando en nuestras mentes: ¿Quién soy?, ¿de dónde vengo?, ¿para dónde voy?

Jesús tenía estas tres preguntas resueltas. En un pasaje fascinante de Juan 13, vemos reflejadas estas ideas:

Jesús sabía que el Padre le había dado autoridad sobre todas las cosas, y que él había venido de Dios y a Dios iba a regresar, así que se levantó de la mesa, se quitó el manto y se ató una toalla a la cintura. Luego echó agua en un recipiente y se puso a lavarles los pies a sus discípulos y a secárselos con la toalla. (Juan 13:3-6).

Jesús tenía su identidad anclada en el Padre, su punto de referencia era eterno. El amor de Dios era su seguridad, y saberse Hijo de Dios era el fundamento de sus decisiones. Sabía que venía de Dios y que iba a Dios. Que el Padre era su origen y su destino. Que la vida se dirigía hacia un retorno al Padre. Era una travesía. Las tres preguntas filosóficas del ser estaban enmarcadas en su confianza en Dios.
Por eso fue capaz de vivir para los demás, de servir a los demás, lavar a otros, caminar con un propósito superior, y finalmente llevar hasta las últimas consecuencias su amor, su humanidad, su ser, y dar su vida en la cruz por todos nosotros.
Por eso, le llamamos nuestro Señor y Salvador.
Porque finalmente nos encontraremos con nosotros mismos cuando nos encontremos con Él. Nuestra identidad está "en Cristo", en Jesús; hemos nacido para que Él sea nuestro "Tú", aquel desde el que nos podemos mirar y conocernos. "Examíname, Dios, y conoce mi corazón". Deja que Dios te conozca. Solo así "seré" eternamente.
El dilema del ser, de mi ser, solo se resuelve en su totalidad en Jesús de Nazaret, por su amor incondicional y su gracia. Él es el que me da identidad, Él es quien llevó mis cargas y cargó mi culpa, solo Él es el que me libera de mis sombras. Amén.

"Pero lo que soy, lo soy por la gracia de Dios […]". (1 Corintios 15:10)

SEGUNDO TÓPICO: DILEMAS DEL SER SOCIAL

Esta es una obra del pintor ecuatoriano Oswaldo Guayasamín, conocido por usar su arte como una forma de denuncia social. La marca de este artista estuvo impregnada de emotividad, y cada pieza evoca un llamado a la construcción de una sociedad con mayor equidad.

Esta obra se llama "Lágrimas de sangre" y fue una especie de dedicatoria del autor a tres personajes chilenos a quienes Guayasamín admiraba: Salvador Allende, Víctor Jara y Pablo Neruda. El cuadro es una reacción a los acontecimientos sucedidos durante la dictadura militar de Augusto Pinochet en Chile.

El arte es un reflejo de lo que sucede en la sociedad. Y es que todos somos seres sociales y también seres artísticos. Una lágrima es suficiente para expresar congoja, pero una lágrima de sangre implica dolor, frustración, ira e impotencia para enfrentar, en este caso, una sociedad injusta que favorece al corrupto y ajusticia al inocente.

¿Cuántas veces hemos sido testigos de una injusticia?

¿Hemos hecho algo al respecto?

De todos los actores sociales que pueden ser plasmados en una obra de arte, ¿qué personaje serías tú? ¿La víctima o el victimario? ¿El débil o el fuerte? ¿El que intenta cambiar la sociedad a pulso o el que se calla mientras observa la injusticia?

Hay infinidad de cuestiones sociales por resolver, y pocos interesados en proponer soluciones. Ser parte de una sociedad implica ser más que un testigo impávido ante la desgracia ajena. Implica moverse, ser parte, extender la mano cuando sea posible, y cuando no sea posible, al menos rogar al Dios del cielo que envíe obreros a esta mies necesitada.

En esta sección pondremos sobre la mesa algunos dilemas filosóficos de carácter social y comunitario. Te animo a buscar buenas respuestas, pero mucho más que eso, a tomar mejores decisiones, de esas que colaboren para responder a la petición del Eterno: practicar la justicia y la misericordia y vivir siguiendo fielmente sus instrucciones con humildad. (Miqueas 6:8)

El ser humano es un ser social; en palabras de Aristóteles, un "zoon politikón", un animal político, de la polis, en comunidad. No solo tenemos una responsabilidad con nuestra propia vida, sino que la tenemos también con nuestro entorno, con los nuestros, nuestra comunidad. No se puede entender el fenómeno humano sin el componente social. O como afirma José Ortega y Gasset: "Yo soy yo y mis circunstancias".

POSTULADO 4

El mito de la caverna y la discusión sobre lo que es real

"¿Qué es real? ¿Cómo defines lo real? Si estás hablando de lo que puedes sentir, lo que puedes oler, lo que puedes saborear y ver, entonces lo real son simplemente señales eléctricas interpretadas por tu cerebro".

Morfeo – *The Matrix*

¿Qué es realidad y qué es ficción?

¿Existen dos versiones de la realidad?

Platón creía que sí. Pero para verlo es necesario dividir nuestra mente para entender dos mundos distintos que son parte de un mismo universo. Platón lo explica en lo que se conoce como "la teoría de las ideas" y que básicamente afirma que existen dos versiones de la realidad. Una es la realidad visible a la que podemos acceder a través de nuestros sentidos, y otra, aunque paralela, es inteligible, el mundo de las ideas.

En su famoso libro "La República", Platón intenta representar sus apreciaciones sobre la realidad a través de una alegoría que se conoce como "El mito de la caverna".

Si nunca lo escuchaste, te lo explico rápidamente:

Imagina una morada subterránea, una caverna, con una entrada superior abierta hacia el exterior. En ella viven desde su niñez varios hombres encadenados y con la mirada fija hacia el fondo de la cueva. Detrás de ellos, imagínate un muro con forma de biombo que separa a los prisioneros de una hoguera encendida de la cual emana luz al otro lado de ese muro. Sobre este, un grupo de titiriteros hacen pasar figurillas de piedra y madera en forma de hombres y animales con sus respectivos sonidos, pero los prisioneros pueden solamente ver las sombras que proyectan esas figuras. Eso es todo lo que los prisioneros conocen de la realidad.

El mundo de las apariencias, de las sombras, de lo que quizá otros quieren que veas. El mito de la caverna es, probablemente, el más recurrente en los discursos que he visto a lo largo de mi vida, tanto a nivel académico como político y cultural, con diferentes expresiones artísticas, películas, novelas… es una metáfora muy poderosa de nuestra "realidad".

Pero un día, uno de los prisioneros es liberado e inicia el camino de ascenso hacia afuera de la caverna, y es encandilado por la luz directa del exterior en sus ojos. Luego percibe el fuego de la hoguera y también a las personas que ponen en movimiento a las figuras. Así entiende que los objetos que crean las sombras no son la realidad. Es consciente de una realidad nueva a la que pronto se acostumbra. El hombre sale más y llega al exterior, donde percibe el sol, que lo ciega en un inicio, pero con el pasar del tiempo comprende que esa es la verdadera realidad: el sol, las estrellas, la luna...

Recuerda este hombre entonces a sus compañeros, con los que ha pasado prisionero toda su vida. Regresa para contarles todo lo que ha visto afuera, y que lo que ellos ven no es la realidad sino solo sombras proyectadas. Pero cuando lo hace, sus compañeros creen que se ha vuelto loco en este viaje afuera de la caverna, y se resisten por completo a emprender una aventura de tal naturaleza, pues no quieren perder la cordura como aparentemente le ha sucedido a su compañero. Ellos defenderían su verdad a punto tal de enfrentarse a su amigo, y hasta lo matarían de ser necesario, si tuviesen sus manos libres.

Es la historia de la humanidad, una parábola que vivimos todos, de alguna o de otra manera.

¿DÓNDE ESTÁ EL DILEMA?

Justamente en la percepción que tenemos de la realidad.

Todo el tiempo estamos interpretando lo que percibimos de nuestro entorno, y esa interpretación gira alrededor de lo que conocemos. Para Platón, el viaje fuera de la caverna representa el acercamiento al conocimiento. Es recibir luz. Es el proceso de ir de lo conocido a lo desconocido. En ese caminar vamos a ir entendiendo diferentes dimensiones de la realidad, y cada vez que llegamos a un nuevo nivel de conocimiento nos vemos enfrentados con un paradigma diferente que nos obliga a cuestionar lo que sabíamos antes.

La alegoría de la caverna contiene varios simbolismos sobre la vida. Te hace preguntarte: ¿cuál es la realidad? Si tuvieras que decidir entre vivir en una realidad dolorosa o permanecer en una pacífica ignorancia, ¿cuál elegirías?

Veamos algunos simbolismos dentro de la narrativa del Mito de la Caverna:

Los prisioneros podrían ser las personas que no pueden ver el panorama completo, aquellos que prefieren vivir su realidad, su mundo, en lugar de intentar ir en búsqueda de una verdad mayor.

El mundo de las sombras representa aquello a lo que hemos estado acostumbrados toda nuestra vida, nuestra única realidad, nuestra única verdad.

El rompimiento de las cadenas para el hombre libre tiene que ver con experimentar el conocimiento; le hace conocer un nuevo mundo, entendiendo que toda su vida vivió con un conocimiento limitado.

Algo de lo que Platón enfatizó en esta alegoría era sobre cómo la luz y la oscuridad afectan los ojos del protagonista; al salir de la caverna, sus ojos se cegaban por no estar acostumbrados al resplandor del sol, y al regresar a la caverna para intentar ayudar a sus compañeros, le costaba ver en la oscuridad, pues sus ojos ya habían pasado mucho tiempo en la luz.

Acostumbrarse a la nueva realidad no es sencillo para el protagonista; antes era una figura lóbrega lo que veía, pero ahora logra apreciar las cosas desde una dimensión diferente. Logra ver las verdaderas formas, una realidad mayor, aunque no completa.

El protagonista siente un peso al saber que sus compañeros siguen en cadenas, y se dirige a la caverna nuevamente para liberarlos; sin embargo, estos permanecen en la negación con el argumento de que todo lo de afuera es locura.

Desde la explicación de la alegoría de la caverna, Platón discute con Glaucón, su hermano e interlocutor en "La República", sobre un tema eminentemente espiritual, y lo hace de esta manera:

"Tampoco sería extraño que alguien que, de contemplar las cosas divinas, pasara a las humanas, se comportase desmañadamente y quedara en ridículo por ver de modo confuso y, no acostumbrado aún en forma

suficiente a las tinieblas circundantes, se viera forzado, en los tribunales o en cualquier otra parte, a disputar sobre sombras de justicia o sobre las figurillas de las cuales hay sombras, y a reñir sobre esto del modo en que esto es discutido por quienes jamás han visto la Justicia en sí".

¿¡Qué dice!?

Pongámoslo en palabras más simples.

Una persona que ha experimentado las cosas divinas, al momento de interactuar con aquellos que no conocen esa realidad, le juzgarán en base a lo que ellos conocen, por lo tanto, se vería como un necio porque los argumentos de este serían discordantes con la realidad de los otros.

Nos pasa todo el tiempo. Alguien que ha visto grandes porciones de luz, necesita encontrar las palabras adecuadas para contar sobre esa luz a aquellos que aún no la ven puesto que ellos todavía se mueven en un ambiente falto de luz. Otros apenas ven sombras, que es como vivir de la interpretación de lo que otros entienden por luz. Otros están intentando mover figuras detrás de un biombo para que al menos las sombras proyectadas en la pared puedan ser el testimonio que los que están presos necesitan para entender la luz.

Recordemos que la luz es Jesús.

El dilema es que vivimos en base a la interpretación de otros respecto de la luz. La mayoría de los creyentes se conforma con lo que otros les cuentan sobre la realidad que han experimentado. Si vives así, eres muy similar a los prisioneros en la caverna, que solo ven las sombras que les proyectan aquellos que están más cerca del fuego.

Y el mayor problema es que en cada nivel encuentras gente que piensa que sabe la verdad verdadera, la real realidad. Imagina lo peligroso que puede llegar a ser que alguien diga en cuanto a las cosas de Dios: esto es así y punto, porque así me enseñaron en el seminario o así me dijeron en la iglesia, y no admito otra verdad más que esta.

Y peor que eso. Que piensen que todos aquellos que tengan testimonios diferentes o sean parte de una denominación o congregación diferente están equivocados.

¡Vaya si es un dilema!

Por este tipo de razonamientos han surgido diversas denominaciones, sectas, doctrinas y cualquier cantidad de opiniones diferentes pensando que son los dueños de la verdad y aduciendo que los otros están en un error.

Hay que ser demasiado audaz para afirmar que se conoce del todo a Dios. Ese pensamiento es peligroso, y en mi opinión demuestra que sus tinieblas aún no se han disipado y que la luz todavía no ha resplandecido por completo en sus ojos, pues conocen solamente una porción mínima de la realidad.

Ahí tienes a los conservadores criticando a los carismáticos, y viceversa. Ahí tienes las discusiones irresueltas sobre la vigencia de los dones o el ministerio de la mujer. Ahí tienes de un lado a los que creen que la salvación se pierde y los que creen que, si se pierde, es porque jamás se obtuvo.

¿Quién tiene la verdad?

¿Desde qué perspectiva están mirando?

¡Punto de orden!

Quizás tú estás dentro de una denominación o eres parte de un grupo que le da mucho énfasis a tal o cual doctrina. Personalmente creo que eso está bien. Lo que no conviene es pensar que el otro, que no piensa como tú, está mal o no tiene la verdad.

En mi opinión nadie conoce aún el todo de Dios, y aquel que dice que lo conoce del todo demuestra que conoce muy poco acerca de Él.

C. S. Lewis tiene una frase célebre que recuerdo siempre y que creo que viene al caso: "Creo en Dios como creo en el sol, no porque lo puedo ver, sino porque gracias a él veo todo lo demás".

ARTE, CIENCIA Y CULTURA POP

Esta alegoría se convirtió en fuente de inspiración para muchos creadores contemporáneos.

La película "The Matrix" habla sobre un futuro distópico gobernado por las máquinas. Neo es un prisionero que solo puede mirar la realidad que le han querido presentar. Morfeo llega para decirle que nada de lo que conoce es real, y que la única solución para conocer la realidad es tomar la píldora roja. De paso, Morfeo también tuvo que ser liberado antes de la misma prisión y ha vuelto para liberar al que permanece dentro, y claro, tal como en la alegoría de la caverna, Neo no puede creer aquello de lo que le está hablando Morfeo hasta que experimenta con sus propios ojos la realidad.

Esta película marcó un hito en la historia del cine, no solo por los efectos especiales, sino porque el camino del héroe que se presenta en ella es casi perfecto; es la historia "de siempre" vestida para la ocasión. La miro una vez al año, al menos.

Esto es algo común en el ser humano. No somos capaces de creer en algo o alguien a menos que podamos verificar personalmente tales afirmaciones. Eso debió pasarle a Tomás cuando pidió pruebas reales de la resurrección de Jesús.

La película animada "Los Croods" narra la historia de una familia de cavernícolas que se rige por una única regla: el miedo. Esconderse en su cueva es lo mejor que saben hacer, hasta que se ven obligados a salir de ahí para conocer un mundo totalmente nuevo y lleno de oportunidades.

Es cierto, el miedo nos paraliza, nos detiene, nos hace pensar en la comodidad de no tener que enfrentar nuevos conocimientos y de vivir sin correr riesgos. Es que lo nuevo usualmente trae un aroma de incertidumbre, a veces emocionante, a veces paralizante. No sabes lo que va a ocurrir cuando salgas de la cueva.

El pintor José Luis Verdes realizó una serie de pinturas sobre el mito de la caverna. Se dice que jamás quiso vender esas obras e incluso que agregó en su testamento la condición de no vender ninguna de la serie. Quería que se expusiera al público de forma gratuita por el mensaje tan fuerte que mostraban.

Esto me hace pensar que todos los que nos presentan el mundo a través del arte han estado presos de una realidad, luego han visto otra y nos la quieren presentar en forma de pintura, música o literatura. El baile y el teatro también son una forma de expresar un concepto que alguien observó en el mundo de las ideas, y que quiere perpetuar a través de una puesta en escena.

Pero claro, como en todo arte, hay una interpretación subjetiva detrás, una verdad propia que tiene sentido solo para aquel que la ha visto. La pregunta es: ¿cómo encontrar una verdad que sea lógica para todos? Y si eso fuera posible, ¿cómo hacerla saber al mundo?

Otras películas como "The Truman Show" o "Inception" tienen obvias referencias al mito de la caverna.

La historia de siempre, de nuevo, vestida para la ocasión.

Pero, ¿qué tienen todas estas referencias que ver con nosotros?

La forma como percibimos la realidad nos hace vivir como vivimos y pensar como pensamos. El arte y la cultura son plenas manifestaciones del pensamiento colectivo. Para aquellos que creemos en el Dios de la Biblia, se nos hace urgente el poder compartir esta realidad, aunque no es común para todos. Ahora, esta realidad en la que creemos está viciada por lo que otros han dicho de ella. Cuando tú le cuentas a alguien sobre lo que has conocido de Dios, ese alguien solo mira las sombras que tú le muestras, pero cuando esa persona lo experimenta, empieza a vivir una realidad que antes solo había visto en sombras.

Por eso es más importante experimentar a Dios que solamente enseñar acerca de Dios.

"Conocer a Dios, no solo conocer de Dios".

Todo esto, tal como con los hombres de la cueva, tiene que ver con el nivel de luz con el que cuentas y con el lugar en el que estás. Si solamente cuentas con un poco de luz, entenderás lo que ese nivel de luz te puede proporcionar. Mientras más luz tengas a tu disposición, mejor lograrás entender la realidad de Dios. Como dijo Einstein, la oscuridad es la ausencia de luz. Desde esa perspectiva, muchos están ciegos solo porque aún no les ha resplandecido la luz. Y claro, cuando la luz llega a sus vidas, quedan ciegos por unos instantes hasta que sus ojos se acostumbran a la claridad.

El fototropismo hace justamente eso. Colocas una planta con una fuente de luz cercana y sus ramas empiezan a inclinarse hacia la luz porque saben que la necesitan. Del otro lado, las raíces se alejan de la fuente de luz hacia lo profundo de la tierra. Así sucede en nuestra relación con Dios. Si nos acercamos a su luz, crecemos y eso nos hace buscar nuevamente esa luz, y mientras eso sucede, nuestro carácter es transformado haciendo que nuestras raíces sean cada vez más profundas en el Señor.

Todos somos como plantas necesitadas de luz, y cuando la luz se manifiesta nos dirigimos hacia ella porque sabemos que nos hace bien.

Aunque, claro, siempre están los que se cierran a toda explicación que difiera de lo que ya conocen. Allí está Sócrates, quien se atrevió a expresar sus ideas contra la creencia en los dioses ancestrales, y por esto decidieron hacer que bebiera un vaso de cicuta por andar corrompiendo la mente de los jóvenes. No es fácil cuestionar las creencias enraizadas en la sociedad. Gandhi fue asesinado por un radical hinduista, aparentemente relacionado con partidos de ultra derecha, quienes aseguraban que Gandhi estaba intentando debilitar al gobierno con sus enseñanzas.

Tanto Sócrates como Gandhi tienen un cierto parecido con Jesús. Los tres quisieron llevar a la gente a un nivel mayor de conocimiento, y todos ellos fueron a la tumba por mantener sus creencias. Pero, claro está, Jesús ofrecía más que conocimiento, ofrecía verdad, una verdad que trae libertad. Y la verdad era Él, y se ofreció a sí mismo.

Exacto, no solo venía diciendo: "He visto la luz", sino que su afirmación osada, revolucionaria, verdadera y atrevida fue: "Yo soy la luz del mundo".

DIMENSIÓN ESPIRITUAL

"Entonces Jesús les dijo a los judíos que creyeron en él:

—Si ustedes se mantienen obedientes a mis enseñanzas, serán de verdad mis discípulos. Entonces conocerán la verdad, y la verdad los hará libres". (Juan 8:31-32)

Poco antes de estas palabras, Jesús le había dicho a este grupo de judíos que él era la luz del mundo, y que si le siguen saldrán de toda oscuridad (tal como salir de una caverna tenebrosa).

En verdad Álex, ¡qué atrevido era el maestro!

Y en este texto los está confrontando con lo que creen que conocen. Les dice que, si se mantienen obedientes a sus enseñanzas, serán de verdad sus discípulos.

Medita un segundo en lo que Jesús acaba de decir.

A un grupo de judíos, que tenían en la mente la obediencia tajante a la Ley, y que de seguro pensaban que por ese motivo eran ya contados entre los discípulos, les dice que, si obedecen, entonces, y solo entonces, serán de verdad sus discípulos. Porque solo entonces conocerían la verdad, y esa verdad les haría libres.

En su propia cara les dijo que, aunque sabían de la Ley no tenían idea de por qué estaba y que, aunque le habían seguido por tanto tiempo, no eran sus discípulos. En pocas palabras, les dijo que vivían en tinieblas, presos en una oscura caverna.

Y, ¿cómo nos pega eso a nosotros?

Todos estamos encerrados dentro de algo, por eso necesitamos de Jesús, el libertador. Nos encerramos en la religión o el conocimiento. Nos encerramos en la costumbre y en los argumentos. Nos encerramos en las emociones, en el pasado y hasta en el pecado. Creamos nuestra burbuja de explicaciones de las cuales nos cuesta salir. La cueva es eso, una condición espiritual, una forma de prisión que no nos deja ver lo que sucede más allá.

Los humanos primitivos son descritos como cavernícolas, habitantes de las cavernas. Me resulta una verdad poética que nos inspira a algo más.

Las personas que no han experimentado a Jesús de forma genuina, probablemente asisten a una iglesia, asumen los compromisos que ese grupo en particular exige, se congregan, pero sus convicciones son temporales, nacen de la emoción o de la presión social, o de la necesidad en la que están. Tarde o temprano esa condición será revelada y todos debemos ser puestos a prueba. Así es como funciona. Nuestra fe es puesta a prueba para verificar si nuestras convicciones son firmes o pasajeras.

¿Cómo nos preparamos para pasar esa prueba?

A través de lo que la Biblia llama "renovación de la mente".

Alguien que renueva su mente cambia sus actitudes y

comportamiento para adquirir nuevos hábitos de acuerdo a su nueva convicción. Aquel que no ha renovado la mente, es muy probable que vuelva a sus hábitos antiguos porque su mente no ha sido renovada. También sucede que renovamos nuestro pensamiento respecto de algunos temas, pero nos resistimos a renovar nuestras ideas respecto de otros.

Mis pensamientos y conducta son radicalmente diferentes a los de ustedes. Porque, así como el cielo es más alto que la tierra, mi conducta y mis pensamientos son más elevados que los de ustedes. (Isaías 55:8-9)

Si tuviera que interpretar el mito de la caverna con la luz que provee este versículo, diría algo como esto: los pensamientos de Dios son tan diferentes a lo que nosotros creemos porque vemos como si estuviésemos presos en una caverna, y solo vemos sombras mientras que Dios lo ve todo desde la eternidad.

Con mi perspectiva humana puedo entender las cosas desde una dimensión natural, la dimensión de la caverna, pero ver la dimensión espiritual que es desde donde Dios lo ve todo es tener acceso a la verdad pura y eterna. La verdad que no cambia. Él es la verdad. Es verlo a Él.

Jesús nos provee ese acceso, nos da libertad, nos hace libres de la caverna, libres de los argumentos, de las sombras. Así podemos ver más allá del conocimiento, más allá de la realidad palpable, nos permite ver la realidad eterna. Y eso es algo que nadie nos puede contar, es algo personal, es tu propia experiencia con Dios.

Por eso sabemos que hoy solamente vemos sombras.

"De la misma manera, nuestros conocimientos son ahora muy limitados, como si estuviéramos viendo una figura en un espejo defectuoso; pero un día veremos las cosas como son, cara a cara. Mis conocimientos son ahora

imperfectos, pero en aquel día podré conocer tal y como él me conoce a mí". (1 Corintios 13:12)

¡Cuánto poder tiene el entender la Escritura!

Nuestro conocimiento de Dios hoy es como ver figuras en un espejo defectuoso, o como ver sombras en una pared. Pero un día seremos completamente liberados para ver a Dios cara a cara. Alguien podrá decir: ¡yo conozco a Dios!, y eso es verdad, pero aun teniendo una relación profunda con Dios y haber experimentado su presencia de manera poderosa, todo lo que conocemos de Él es incompleto aún, es imperfecto, pero llegará el día en que lo podamos conocer tal como Él nos conoce a nosotros.

¡Vaya privilegio!

Mientras tanto, debemos seguir avanzando.

Alguien dirá: ¿para qué avanzamos entonces, si eso sucederá cuando estemos en su presencia?

Avanzamos en conocerle porque lo necesitamos, porque tenemos sed y solo Él puede saciarla. Porque estamos vacíos sin Dios. Porque todos los placeres del mundo no son suficientes para acallar el hambre interior, el hambre de su presencia.

Y avanzamos también porque tenemos una misión, porque hemos visto algo de luz y esa luz es necesario compartirla. Avanzamos porque somos embajadores y hemos sido comisionados para repartir la luz que hemos recibido, para sacar a otros de cuevas y cavernas.

Así es, no es solamente un todo o nada, luz vs. oscuridad. También es un proceso de aprendizaje, "como la luz de la aurora, que va en aumento". Ser discípulo de Jesús, seguirle a él, que es la luz, es lo que nos capacita para conocer "la verdad", o más bien, ir conociéndola,

y en esa medida ir siendo libres. Para comprender el pasaje de Juan 8 puede ayudarte hacer el proceso inverso: para ser libre hay que conocer la verdad, para conocer la verdad, hay que ser discípulo de Jesús. Para ser discípulo de Jesús, hay que permanecer en su Palabra, seguir su enseñanza, dejar que la Palabra de Dios nos alumbre.

Y lo que dice Álex es justamente de lo que trataban los mensajes que transmitían los primeros discípulos a la gente de aquel entonces: ver la luz por primera vez, el gozo de conocer la realidad, la libertad de tener una convicción indubitable de la existencia del Dios Eterno, sin las restricciones de una religión. Habían estado presos y ahora eran libres, habían estado ciegos y ahora veían. Además, Jesús les había delegado la tarea de contar este mensaje al mundo entero, habían encontrado una verdad concluyente, una realidad que antes no veían y era necesario abrir celdas y prisiones en todas las naciones.

Jesús trajo luz al mundo. Él era la luz. Vino a quitar el muro, a desechar las falsas figuras que proyectan sombras de religión y a darle una mejor interpretación a las instrucciones de Dios para entender el mundo.

La necesidad de iluminar la vida de otras personas es una sentencia recurrente en la Escritura. Conocer una manera de iluminar y no compartirla sería un acto egoísta.

"Nadie enciende una lámpara para esconderla bajo un cajón, sino que la pone en alto para que alumbre a todos los que están en la casa. 16 ¡Así dejen ustedes brillar su luz ante toda la gente! ¡Que las buenas obras que ustedes realicen brillen de tal manera que la gente adore al Padre celestial!". (Mateo 5:15-16)

¡Ánimo!

Todavía queda mucho por hacer.

DIÁLOGOS

Usa estas preguntas para ir más profundo en un grupo de discipulado o de acompañamiento. Asegúrate de que antes han leído cada aspecto del capítulo, y considera que antes de responder las preguntas es bueno pedir opiniones sobre lo que más les ha impactado o cómo Dios les habló con esta lectura.

¿Cómo explicarías que Jesús es la verdad?

¿Has dudado de la veracidad de la Biblia?

¿Cuál consideras que es un área oscura de tu vida?

¿Has visto luz en algo que antes era oscuridad en tu vida?

¿En qué área de tu vida crees que necesitas renovar tu mente?

Si pudieras calificar con un número el nivel de luz que ha venido a tu vida considerando todas las áreas sin faltar una sola, ¿qué calificación le darías a tu nivel de luz, siendo 1 un nivel con muchas tinieblas aún, y 10 un nivel máximo de mucha luz y entendimiento espiritual?

En base a esa calificación:

¿Cómo estás involucrado en proveer luz a otras personas?

Ten en cuenta que:

No es malo o bueno tener una calificación alta o baja. Solo es una forma de ayudar a cada uno a identificar su propia necesidad de Jesús y de la luz que Él provee. Ese número no define quién es cada persona, sino solamente da un indicio de la parte del camino en la que se encuentra y cuánto le falta por recorrer. Es bueno que hagas saber esto, para que la transparencia de tu grupo de discípulos se mantenga intacta y nadie piense que unos pueden ser mejores que otros, porque delante de Dios todos somos iguales y todos tenemos áreas de oscuridad.

POSTULADO 5

El dilema del erizo y el miedo a la cercanía

"Es como consecuencia de la fricción de personas que se inspiran mutuamente que salta la chispa del progreso".

Lucas Leys – *Stamina*

El filósofo alemán Arthur Schopenhauer fue representante de lo que se conoce como el pesimismo filosófico. Y sí, debes saber que fue uno de los primeros en manifestarse abiertamente ateo. Así que todo lo que escuches acerca de él ha sido pensado desde una perspectiva carente de Dios.

La parábola que Schopenhauer llamó "el dilema del erizo", está descrita en su obra: "Parerga y Paralipómena" y tiene por propósito ilustrar la afectividad del ser humano y su disposición para abrirse y ser cercano con los demás. La alegoría podría resumirse de esta manera:

Un grupo de erizos se acercan entre sí en un día frío para encontrar algo de abrigo, pero, mientras más cerca están unos de otros, se llegan a lastimar gracias a sus espinas. Al ver esto, deciden alejarse nuevamente, solo para darse cuenta de que necesitan el calor de los demás. Así que vuelven a acercarse hasta encontrar el punto exacto en donde llegan a acceder al calor que el otro ofrece, pero sin lastimarse con la proximidad.

Este dilema habla del ser humano y sus habilidades sociales. Hablaremos de afecto, de dolor, de cercanía y de cómo enfrentar esta terrible tendencia a hacernos daño unos a otros.

En el ser humano, la mayor fuente de dolor, trauma, heridas, decepciones, ansiedades, depresiones y frustraciones se da en las relaciones personales, con el otro. Esto es verdad, pero es una perspectiva pesimista de las relaciones. Quizá haya un punto de vista alternativo. Veamos.

¿DÓNDE ESTÁ EL DILEMA?

No es un secreto que Schopenhauer desarrolló su filosofía afirmando que la vida del ser humano no tiene otra razón que el sufrimiento. En "Los dolores del mundo", el autor afirma con insistencia que la existencia es una dolorosa tragedia llena de tormentos.

El dilema del erizo nos coloca a todos dentro de una bolsa de incapacidad afectiva. Schopenhauer afirma que, si nos acercamos unos a otros, de seguro nos lastimaremos.

¿Será eso cierto?

El postulado de Schopenhauer gira alrededor de nuestra incapacidad de vivir juntos sin hacernos daño. ¡Y eso es un dilema!

El ser humano es un ser social, se ha repetido eso hasta el cansancio. No podemos prescindir de los demás por más que queramos. Lo cierto es que no todos se sienten cómodos con la idea de acercarse a los demás, y gracias a eso esta discusión sigue vigente.

El erizo representa al ser humano, pero, ¿qué serían las espinas?

No es nuevo el hecho de que el ser humano es experto en herir, en lastimar, y lo que sucede es que lastima a los que tiene cerca. Las espinas podrías ser palabras, actos, decisiones, gestos, lo que sea que haga al otro sentir desagrado.

Las espinas son solo un mecanismo de defensa que el ser humano usa para no ser herido haciendo mal uso de la frase: es mejor dar que recibir. Convendría mejor decir: te es permitido herir para evitar ser herido.

Tenemos las espinas a flor de piel, tal como un erizo. Y esas espinas hieren a los demás. Nos alejan de otros. Pero necesitamos de los otros.

¿Qué debemos hacer?

Unos dirán que basta con quitarse las espinas. Para Schopenhauer eso es imposible. La mejor solución que él encontró para resolver el dilema es que logremos trazar una línea bien definida, un límite que les diga a los otros hasta dónde pueden acercarse para no hacerme daño. En la práctica sería algo como: si sobrepasas esta línea y te acercas más que eso, me harás daño, y por eso te prohíbo pasar de allí. Pero claro, esa idea implica que debemos renunciar a la posibilidad de tener relaciones cercanas e íntimas.

Más allá de eso, el dilema tiene dos perspectivas. La del que se acerca y la del que deja que otros se acerquen. Y según estas perspectivas surgen diferentes posturas. Haz un análisis de este cuadro de reacciones frente a la cercanía:

	REACCIONES ALREDEDOR DE LA CERCANÍA		
EL QUE SE ACERCA	Reacción tóxica		**EL QUE DEJA QUE SE ACERQUEN**
	Necesito el calor, no me importa hacerte daño	Dejaré que te acerques, me herirás y te heriré	
	Reacción conformista		
	No quiero acercarme, pero no tengo otra salida	No tengo más remedio que dejar que se acerquen	
	Reacción temerosa		
	Tengo miedo de ser herido	Temo lo que pueda pasar si me acerco	
	Reacción narcisista		
	Me necesitas, así que soportarás el dolor	Vengan, ustedes necesitan mi calor	
	Reacción de ostracismo		
	No me acercaré porque me hieren	No dejaré que nadie se acerque	

Cada persona reacciona de forma diferente de cara a las relaciones y a la cercanía. Unos se sentirán más cómodos mientras que otros preferirán no acercarse para nada. Algunos desarrollarán patrones tóxicos que terminarán afectando todos sus acercamientos relacionales, etc. Cada persona evalúa su propia condición de forma subjetiva y eso le llevará a manejar sus propias políticas sociales.

El punto es: ¿merece la pena permitir a alguien irrumpir en mi espacio íntimo? ¿O será mejor evitar a toda costa que la gente se acerque demasiado?

El erizo es un ejemplo perfecto y visual para describir nuestra condición. Ahora bien, el erizo no decide ponerse las espinas, simplemente las tiene. Herimos porque hemos nacido heridos, rotos. Hemos heredado una condición que forma parte de nuestra naturaleza y que nos impide acercarnos y tener intimidad sin consecuencias. Esta es la condición paradójica del ser humano. Sea cual sea el mecanismo de defensa que hayas desarrollado en tu vida, el problema de fondo no se resuelve, las espinas permanecen.

El dilema del erizo refleja la actitud de las personas que prefieren no acercarse a nadie, que cierran las puertas de su alma y de sus afectos para que nadie tenga acceso a su espacio cercano. Algunos llaman a este fenómeno "miedo a la intimidad".

¿Por qué esto es importante para nosotros?

Porque las generaciones emergentes sufren de narcisismo crónico; piensan tanto en el "yo" que pierden la noción del "nosotros".

De paso, creo que la iglesia sufre de ambos males. Miedo a la cercanía y narcisismo crónico.

Piénsalo. En muchos lugares se maneja una cultura de no conocerse. Asistir a una reunión dominical, y al finalizar, cada uno se va a su casa. Cuando tengo un problema no se lo cuento a nadie, y tengo la firme convicción de que los pastores, líderes ni nadie más de la iglesia debe enterarse de ninguna de mis cosas personales. No necesito consejo ni guía porque la ropa sucia se lava en casa.

También interviene ese miedo a las relaciones cercanas. Me han herido, me han traicionado, han hablado mal de mí, y por eso he preferido cambiar de iglesia y estar en una en donde nadie me conozca. Me encierro, juzgo las cosas desde afuera y vivo mi vida dentro de esa concha que me provee una falsa seguridad.

Es lo que se conoce como el síndrome del perro apaleado. Si a un perro que ha sido maltratado se le acerca una persona para acariciarlo, el perro lo interpretará como una amenaza, y huirá o atacará. Todos somos un poco así.

Entonces, si la iglesia no me ofrece lo que necesito, me voy a otro lado, como el perro apaleado, y pierdo la capacidad de atravesar las situaciones duras, me vuelvo incapaz de sobrellevar conversaciones difíciles y poco a poco me deja de preocupar el resto de la gente porque me quiero cuidar de todos.

¿Te suena familiar?

Sí, es una trampa en la que hemos caído todos. Hemos preferido la comodidad de la superficialidad en detrimento del riesgo que suponen las relaciones significativas. El precio de las espinas es demasiado alto para una sociedad que se identifica a sí misma como "la sociedad de bienestar".

Otras relaciones que entran en juego en este punto son las relaciones románticas. Parece ser que cada generación experimenta una mayor dificultad para entablar relaciones sanas. Y esto no es un mal únicamente de la iglesia, sino que trasciende a la sociedad. Cada vez hay menos parejas sanas, menos relaciones sanas, menos matrimonios saludables y menos familias sanas.

A esto se le suman las ideas que circulan en la sociedad que nos hacen esquivos a las relaciones cercanas. Podríamos nombrarla como la "sociedad erizo". Vamos a meditar acerca de frases o dichos comunes en lo que sería la sociedad erizo.

Algunos paradigmas de la sociedad erizo:

· Debo ser independiente y no necesitar ayuda de los demás.

· Mientras más vulnerable soy, más débil me verán.

· No se puede confiar en nadie; no pondré mis manos en el fuego por nadie.

· Puedo vivir bien sin nadie alrededor.

· Si vivo en mi burbuja, nadie cuestionará mis decisiones.

· No existe nadie que entienda cómo pienso ni lo que creo.

· Ni siquiera dejo a mi familia entrar en mi espacio, mucho menos a otros.

· No tengo por qué rendir cuentas a nadie de mis actos.

Esta filosofía de vida nos hace muy diferentes al plan de Dios.

¿Vale la pena vivir así?

> Es una situación muy triste. Vivir así, básicamente, es sobrevivir.

ARTE, CIENCIA Y CULTURA POP

En el poema "Las campanas doblan por ti", el poeta metafísico John Donne expresa la urgencia de vernos como parte de un conglomerado global que llamamos sociedad:

"Ningún hombre es una isla, completo en sí mismo;

cada hombre es un trozo del continente, una parte del todo".

El poema enfatiza la idea de interdependencia, pues lo que le sucede a uno nos afecta a todos.

Es innegable, no podemos vivir solos. Pero, ¿podemos vivir juntos sin lastimarnos?

La serie "The Big Bang Theory", nos presenta a Sheldon Cooper. Es una de esas personas que no deja entrar a nadie a su espacio. Vive su vida con un egocentrismo capaz de impedirle a todo el mundo entrar en ese círculo íntimo. Es interesante cómo esta sitcom nos cuenta, con la locuacidad de una comedia, toda clase de situaciones en las que Sheldon lastima a sus amigos por ser como es.

El doctor Bruce Álexander realizó una investigación para analizar la conducta de las ratas en soledad o juntas en un conglomerado. Colocó ratas en cajas, solas, y les dio acceso a dos suministros de líquido. Uno de estos contenía agua con cocaína y el otro, agua pura. Las ratas, aisladas de cualquier compañía, buscaban el agua con cocaína una y otra vez hasta que morían de sobredosis. Luego recreó el experimento con una jaula mucho más grande que llamó "el parque de las ratas". Era de mayor tamaño y colocó allí varios sistemas de entretenimiento y muchas más ratas, pero esta vez todas juntas. Obviamente también puso los dos suministros de líquido. El resultado fue sorprendente. Las ratas se saciaban del agua pura en lugar de beber el agua con cocaína.

Entonces, al menos con las ratas, cuando las necesidades sociales fueron satisfechas a la par que había espacios de distracción y otras actividades, no había necesidad del agua con cocaína. Pero para la rata que estaba sola, con todas esas necesidades sin suplir, caer en la adicción era la norma, a pesar de tener acceso libre al agua pura.

Algo similar debe suceder con los seres humanos. Experimentamos la diferencia que existe entre vivir en soledad y ser parte de diversas comunidades, y elegimos la soledad y la adicción para sobrellevarla.

En un artículo de la BBC encontré estas estadísticas en una encuesta realizada a un gran número de millenials en los Estados Unidos:

- El 27% de los encuestados afirmaba no tener amigos cercanos.

- El 22% de ellos, aparte de sus amigos y pareja, no tenía amigos.

- Al 31% le costaba trabajo hacer amigos.

Vivimos en la época de mayor alcance global de las comunicaciones a través de las redes sociales, y sufrimos la mayor carencia de relaciones significativas. Eso ha provocado un incremento importante en los casos de depresión, suicidio y diversas adicciones. Otros factores que se suman a esta problemática son el estrés económico, la insatisfacción en los salarios, soledad, agotamiento, ansiedad e inconstancia laboral o en los estudios. Todo eso en conjunto nos va convirtiendo en erizos.

Partiendo de allí, a pesar de tener compañía, somos una generación embriagada de soledad. Vivimos en sociedad, rodeados de personas, pero emocionalmente estamos solos. Tenemos más a nuestro alcance a las personas que en ninguna otra época de la historia, pero al mismo tiempo perdimos la capacidad para relacionarnos.

Hoy en día, estamos más "conectados" que nunca. Pero es una conexión superficial. El abrazo no es sustituible por una pantalla. La amistad sincera no se puede generar solamente a través de un ¡muro! de una red social. La pandemia de soledad es, sin dudas, el gran mal de este siglo XXI y sabemos que un llanero solitario solo sobrevive en las películas de western. ¡No es bueno que el ser humano esté solo!, nos dice la Biblia desde el principio de sus páginas. Nos deshumanizamos.

Así es, no es bueno que el hombre esté solo, pero Spiderman hace totalmente lo contrario. Por su tarea de superhéroe, no puede tener relaciones significativas porque las pondría en riesgo. Así sucedió con el Spiderman de Tobey McGuire cuando tuvo que alejarse de Mary Jane porque no podía lidiar con la idea de que su amada fuese dañada por su culpa. También sucedió con el Spiderman de Andrew Garfield cuando quiso acercarse a su amigo Harry Osborn, para terminar alejándose el uno del otro, y Harry volviéndose el villano que provoca la muerte de Gwen Stacey, el gran amor de

Peter Parker de quien también había intentado alejarse poco antes para evitar ponerla en peligro.

Peter Parker es más un erizo que una araña; termina alejando de sí a todos los que ama y aprecia. Supongo que ese es el precio de llevar consigo un gran poder y una gran responsabilidad.

> **La lista de héroes que sufren la soledad es inmensa. Bruce Wayne, Clark Kent, Logan, Diana de Themyscira (Wonder Woman), Thomas Anderson (Neo)… hay una realidad que se refleja en estos relatos. Nos hablan de una soledad vital que nos acompaña a todos y que necesitamos resolver, sanar, madurar. Pero no sin dolor, no sin pagar un precio. Estamos hablando de héroes.**

Todo esto me hace pensar que en las últimas décadas sí que nos hemos vuelto algo tóxicos. El término tóxico se hizo popular gracias al libro "gente tóxica" del psicólogo Bernardo Stamateas, donde describe distintos tipos de personalidades venenosas con las que interactuamos todo el tiempo. Vaya si le doy la razón. No obstante, si seguimos difundiendo esa cultura del juicio y de ponerle una barrera a toda persona que intente acercarse a nuestro círculo íntimo, me temo que seremos cada vez más similares a los erizos, hiriendo y siendo heridos, temerosos de construir confianza y relaciones significativas.

Ese no es el plan de Dios.

> **Propongo que alguien escriba un libro titulado "El tóxico que hay en mí". Sería muy sanador para todos reconocer nuestra propia condición tóxica. Quizá nos daría la humildad suficiente para darle un enfoque diferente a las relaciones con el único fundamento eterno que puede sanarnos de nuestra toxicidad: el perdón.**

Ya quiero leer ese libro. ¿Escribirlo? Sería un reto gigante. A ver quién se anima...

Lucas Leys, en su libro Stamina, habla de las personas como el activo eterno, y de cómo mucho de nuestro éxito futuro dependerá, ciertamente, de la forma en que manejemos las relaciones humanas.

"Cuando alguien se siente invisible, se siente inútil. Cuando alguien se siente reconocido, se siente valioso. Nadie necesita que todos lo vean, pero todos necesitan que alguien los vea". (Sergio Valerga – *La Iglesia Relacional*)

DIMENSIÓN ESPIRITUAL

Alguien dijo alguna vez que la iglesia es un como un hospital donde llegan los heridos del alma para ser sanados. Eso suena bastante lógico, porque cuando llegamos a Jesús, usualmente venimos de un pasado virulento, con una vida infectada por las desgracias del mundo. Anhelamos sanidad y restauración del alma, pero eso no viene de inmediato.

Cuando llegamos a Jesús de forma genuina, ciertamente nuestro espíritu resucita, nuestra perspectiva de las cosas cambia por completo y nuestra posición en Cristo es de un nuevo ser. Pero a nuestra alma todavía le queda trabajo por hacer. Todavía tenemos heridas por sanar y un pasado del cual hacernos cargo. Aunque existe la postura de que en Cristo somos nuevas criaturas, evocando el texto de 2 Corintios 5:17, debemos ser conscientes de que hay cosas que hicimos que no se borrarán fácilmente.

Yo llegué a Jesús luego de muchos conflictos con mi esposa, mucho dolor, palabras hirientes que se lanzaron al viento y decisiones que se tomaron sin cuidado del otro. Mi hija mayor Alison tenía 2 años cuando nuestros ojos fueron abiertos, yo tenía 22 años y mi esposa 20.

Cristo nos dio una nueva oportunidad para hacer las cosas de forma diferente. Pero él no iba a arreglar el desastre que veníamos haciendo por años. Habíamos sembrado ira y dolor en nuestra hija y eso había dejado en ella varias secuelas que necesitaban sanidad. Nos tomó varios años poder verificar que habíamos restaurado por completo nuestra relación con ella. No fue fácil. Y aún ahora nos quedan varios recuerdos incómodos y vergonzosos de los que quisiéramos librarnos.

En efecto, entramos al hospital para ser sanados, nuestras acciones hicieron daño y era necesario sanar. Perdonarse, pedir perdón, asimilar el dolor y dejar que el Padre sane las heridas y llene los espacios vacíos.

Entonces, aunque la iglesia es un hospital de heridos, eso no me da derecho a seguir hiriendo a otros, lanzando mis espinas de erizo y dañando a las personas a mi alrededor. Aquí está la diferencia: si dices seguir a Jesús, debes vivir como él vivió.

"El que afirma que está unido a Dios, debe vivir como Jesucristo vivió". (1 Juan 2:6)

Y ¿cómo vivió Él?

Él amó.

Cuando dijo que debíamos amar a Dios con toda nuestra mente, fuerzas, alma, corazón y al prójimo como a uno mismo, no lo decía de memoria o porque sonaba bien para un acomodado discurso religioso. Jesús lo demostró con todo lo que tenía y en todo lo que hacía. Por eso tenía toda la autoridad para decir: ámense, ámense, ámense.

"Si se aman unos a otros, todos se darán cuenta de que son mis discípulos".

(Juan 13:35)

¿Eres incapaz de amar a los demás? Quizás te hace falta dar algunos pasos como discípulo. Tomar algunas decisiones. Cambiar algunos pensamientos. Aprender a mirar como Jesús miraba a las personas. Pedir un corazón lleno de misericordia y compasión en lugar de un espíritu de juicio.

La iglesia está llamada a ser una luz para el mundo. Y si el mundo es tóxico, la iglesia debe moverse en toda la Tierra para demostrar a todos que la restauración es posible.

En ese caso, la expresión de amor debe traducirse irremediablemente en el perdón. Solo la aceptación incondicional del otro puede comenzar a transformarnos. Henri Nouwen afirma que somos "sanadores heridos". Ser conscientes de nuestro propio dolor y del que hemos infligido a otros, como acaba de relatarnos David, es un paso necesario para amar al nivel que ama Dios.

Para ello necesitamos ser más honestos, en primer lugar, con Dios y con nosotros mismos, re-conocer lo que somos y ponernos en las manos de Jesús para sanarnos (santificarnos). Y también en las manos de los demás. Es en las relaciones significativas, profundas e íntimas donde Dios más trabaja con nuestro carácter y nos va quitando las espinas; nos las vamos quitando "unos a otros". Sí, es un riesgo, pero la alternativa es la soledad vital, que es mucho peor.

¡Hey! Yo no quiero vivir en esa soledad vital que Álex describe. Yo no quiero solamente sobrevivir sino experimentar abundancia de vida, y si para eso tengo que aprender a cuidar mis espinas y ayudar a otros con las suyas, bienvenido sea el reto.

Y a ti que estás leyendo esto, te digo: ¡no te conformes con ser erizo!

Un erizo se conforma con tener espinas y se siente justificado por hacerle daño a los demás porque al fin y al cabo es un "paciente emocional en tratamiento". Esto no debe ser así. Ese no es el modelo que Dios tenía en mente.

"No dejen de amarse unos a otros con amor de hermanos. No se olviden de practicar la hospitalidad, porque de esa manera, algunos, sin darse cuenta, hospedaron ángeles. Acuérdense de los presos, como si ustedes estuvieran presos con ellos. Acuérdense también de los que son maltratados como si ustedes mismos fueran los que sufren".

(Hebreos 13:1-3)

El modelo perfecto para la sociedad vino de la Biblia. Es la comunidad. La palabra iglesia se ha traducido desde el vocablo original griego que es *ekklesía*, pero en esta traducción hemos perdido el concepto hebreo que se acerca más al plan de Dios. La palabra hebrea para iglesia es *kehilá* que significa comunidad. Mientras que *ekklesía* significa convocatoria o asamblea, la idea de *kehilá* es una familia, una hermandad.

Cuando entendemos que todos somos parte de una comunidad y que lo que yo hago afecta al otro de forma positiva o negativa, debo repensar mi forma de interactuar con ella. Ya no puedo andar por ahí lanzando espinas de erizo hiriendo a los demás solo porque "estoy en tratamiento". Por el contrario, cuido mis palabras, mis acciones y hasta mis pensamientos. No porque hay una "ley" que me impida decir o hacer tales cosas, sino porque me preocupo por los demás. Porque amo.

En eso pensaba Jesús cuando dijo que en esos dos mandamientos de los que hablamos se resumían la ley y los profetas. Amar a Dios y al prójimo. Es que si amo a Dios amo al prójimo, pero si hago daño intencionalmente a mi prójimo, entonces no amo a Dios.

"El que ama a su hermano anda en la luz y no tropieza. En cambio, el que odia a su hermano vaga en la oscuridad y en ella vive, y no sabe a dónde va, porque la oscuridad lo ha dejado ciego". (1 Juan 2:10-11)

Este pasaje es claro. Caminar en la vía del odio, del rencor, de los malos tratos, de la amargura y de las espinas, es como andar ciego; demuestra que la luz de Jesús no ha iluminado nuestro ser de forma profunda y verdadera. Andar en la luz significa no tropezar, no desviar nuestra conducta, amar. Andar en la oscuridad implica vivir en la sociedad erizo.

En contraste con las frases que se dijeron al inicio del capítulo sobre la sociedad erizo, deberíamos corregirlas a la luz de la Palabra de Dios.

· Puedo ser independiente, pero necesito ayuda de otros, y ellos también me necesitan.

· Mientras más vulnerable soy, mejor puedo trabajar en mis áreas débiles.

· Puedo encontrar gente valiosa en quien confiar.

· No puedo vivir aislado.

· Necesito consejeros con quien contar para mis decisiones difíciles.

· Hay muchas personas que me entienden y piensan igual que yo. Y con aquellos que pienso diferente, puedo encontrar acuerdos en las cosas importantes.

· Debo encontrar gente con quien pueda tener un círculo íntimo de cuidado.

· Rendir cuentas a alguien es sano. Me ayuda a no envanecerme.

Cuando vemos la vida de la forma en que Jesús nos propone, sin duda podemos ser una mejor influencia en la sociedad y ayudar al mundo que tanto necesita la manifestación de los hijos de Dios.

DIÁLOGOS

Usa este espacio para una reunión de grupos de discipulado o para generar conversaciones inteligentes con la gente que desees o incluso en un club de lectura. Quizás algunas de estas preguntas traerán mayor revelación sobre Jesús y lo que quiere de nosotros.

¿Qué tan erizo eres?

¿Has creído en algunos argumentos de la sociedad erizo?

¿Crees que dañarnos unos a otros es inevitable?

¿En qué dimensión la sociedad es tóxica?

¿Has herido a otros? ¿Qué tipo de espinas has usado?

¿Qué crees que es necesario para cambiar la forma en que la sociedad piensa?

¿Tu experiencia en la iglesia es de una comunidad?

Ten en cuenta que:

No todos están siempre dispuestos a compartir sus asuntos personales, pero si estás dirigiendo un grupo de discípulos, es bueno que los vayas llevando por ese camino. Es la única forma de crecer y madurar. Si no tocas temas sensibles con ellos, terminarán recibiendo información que, aunque sea útil, no les servirá para crecer. Para eso son los espacios de discusión.

POSTULADO 6

El construccionismo social y la posverdad

"Podrás engañar a todos durante algún tiempo; podrás engañar a alguien siempre; pero no podrás engañar siempre a todos".

Abraham Lincoln

En este capítulo estaremos hablando sobre estos dos términos que se han vuelto famosos en las últimas décadas. Construccionismo y posverdad.

El construccionismo social habla sobre cómo percibimos el mundo. Dice que nuestra concepción del mundo se construye en base a las referencias culturales y comunitarias de las experiencias vividas, lo cual nos inclina hacia una perspectiva u otra. Desde esta corriente, no se apunta a llegar a una verdad objetiva que sea común a todos, sino que cada persona le atribuye significado y valor a las cosas tangibles e intangibles.

Uno de los mayores exponentes del construccionismo social es Kenneth Gergen, un psicólogo estadounidense que ha buscado aplicar la teoría del construccionismo social a todas las esferas de la sociedad.

Y ¿qué es eso de la posverdad?

La RAE define a la posverdad como un neologismo que se refiere a una distorsión deliberada de la realidad manipulando creencias y emociones, con el objetivo de influir en la opinión pública y en las actitudes sociales.

Este término se ha visto evidenciado en los últimos años sobre todo en el campo de la política, aunque también se involucran los organismos que manejan la educación y los medios de comunicación.

El término se ha venido usando desde hace un par de décadas, pero su desarrollo conceptual se dio con el libro "La era de la posverdad: deshonestidad y engaño en la vida contemporánea" de Ralph Keyes. También tomó mucha fuerza en Estados Unidos cuando el periodista Eric Alterman usó las palabras "presidencia de la posverdad" refiriéndose a las declaraciones de George Bush luego del atentado del 11 de septiembre del 2001.

Este capítulo tiene como meta inyectar una dosis de criterio en la mente de los jóvenes para evaluar lo que sucede en el entorno político y social, pero también tendremos la oportunidad de explorar qué es lo que dice la Palabra de Dios respecto de estos términos que para algunos podrían ser novedosos.

¡Vamos!

¿DÓNDE ESTÁ EL DILEMA?

Desde pequeño, recuerdo que nos contaban la historia de la batalla de Pichincha. Un momento épico que narra el esfuerzo libertador del ejército ecuatoriano para obtener la independencia de los españoles (nota para Álex Sampedro: amigo, sé que ya pediste perdón públicamente varias veces sobre el hecho, queda olvidado).

El perdón es la base de una relación sana, ja.

En esa batalla nació la leyenda del famoso Abdón Calderón, un héroe de guerra que, según nos enseñaban en la escuela, batalló con todas sus fuerzas hasta perder un brazo y luego el otro tras un par de cañonazos enemigos. Eso no le impidió tomar con su propia boca la bandera independentista y mantenerla en alto para que los soldados ecuatorianos fueran inspirados a mantenerse en pie de lucha. Ya con los años nos fuimos enterando de a poco que eso jamás fue verdad. Sí que fue un héroe de guerra, y sí que recibió algunos balazos y decidió quedarse en el campo de batalla, pero de ahí a lo otro hay un largo trecho.

A pesar de lo increíble de la historia, nosotros la creíamos. Dirás que éramos niños, pero debes saber que los adultos también la creían. Era parte de nuestra historia. Hoy ya se la enseña de forma diferente.

Así funciona una posverdad. Se manipula una verdad apelando a la emotividad y minimizando la lógica, para conseguir el favor de las masas. Mira cuánto patriotismo se ganaba con la historia de Abdón Calderón.

Hoy en día lo llamamos "fake news". En la era de la posverdad hay una crisis de confianza. Todo ha sido construido, que es una manera elegante de decir que todo, de alguna manera, es una invención.

Así es, nos manipulan. Espero que eso no sea algo nuevo para ti, que lees esto. Hace décadas que los gobiernos de varios países de Latinoamérica han venido usando la posverdad como estrategia para ser electos. Manipulan al pueblo apelando a la inspiración emotiva; el pueblo les cree, los eligen y entonces se aferran al poder como sanguijuelas para tomar todo lo que puedan. Al cabo de los años salen a flote sus mentiras, sus actos de corrupción, sus desfalcos financieros y su control y dominio dictatoriales sobre el pueblo, pero a pesar de todo, la gente no alcanza a pensar con lógica, porque los vuelve a elegir.

La posverdad se usa en la política como una estrategia válida. Es detestable, pero real. Intentaré no referirme a ninguna tendencia política en particular para no herir susceptibilidades; no obstante, espero que esta discusión te ayude a repensar la forma en que eliges a tus gobernantes.

Vamos ahora por otros ámbitos sociales.

Un poco de investigación te hará saber que lo que se enseña en las escuelas y colegios termina siendo de poca utilidad para la vida diaria. A eso se suman los medios de comunicación, que hace varias décadas dejaron de ser imparciales para convertirse en el aparato que beneficia al que tiene posibilidades económicas, a intereses políticos o al criterio de sus dueños.

Se aplica el refrán de: "Quien paga, manda". Si sigues la ruta del dinero, verás por qué dan esas opiniones. "El principio de todos los males es…".

Con todo esto, la sociedad va perdiendo su capacidad de pensar. Poco a poco nos enseñan a conformarnos con lo que hay en lugar de pelear por algo mejor.

"Tener ideas propias conlleva más responsabilidades que obedecer los mandatos de otras personas". (Michel Foucault)

¿Será que es mejor acomodarse para no tener que pensar?

El dilema yace allí. El pueblo de Dios deja de pensar y se inclina por aquel que emocionalmente le parece que es el mejor candidato, aunque haya pruebas contundentes de su historial de desfalcos o abusos de poder (cualquier parecido con la realidad es pura intencionalidad). Pero eso no es todo. El pueblo deja de pensar también cuando elige no considerar la Palabra de Dios, y se deja llevar por los argumentos apoyados por el construccionismo social, inclinándose por estar a favor del aborto o del matrimonio homosexual.

Para Sócrates esa premisa era importante. Él decía que no podía enseñarle nada a nadie, pero que sí podía enseñarles a pensar. ¡Cuánta falta nos hace!

Sócrates lo llamaba mayéutica. El arte de dar a luz, que había visto practicar tantas veces a su madre partera. Sócrates ayudaba a sus discípulos, a través del razonamiento, a llegar a sus propias conclusiones, sacando a la luz una verdad que "ya estaba ahí"; no había que construirla, había que descubrirla.

Y hablando de mayéutica, en eso se basa el coaching, que se ha vuelto tan famoso actualmente. Parece ser que necesitamos tener a alguien que nos ayude a pensar, porque la verdad ya está allí.

¡Mira cuán peligroso es ese dejarse llevar por un discurso emotivo y perder la capacidad de análisis lógico!

En la iglesia también sucede que un predicador elocuente nos seduce y olvidamos hacer nuestro propio análisis de lo que estamos escuchando. Tomamos como cierto todo lo que se dice desde el púlpito y dejamos de pensar. Claro, es más cómodo que alguien piense por nosotros, que alguien lea por nosotros, que investigue por nosotros, para no tener que fatigarnos. La comodidad nos hace ignorantes.

Mientras trabajaba como parte del equipo pastoral de una iglesia, recuerdo una señora que llegó al templo buscando al pastor. Cuando le preguntaron a cuál de ellos buscaba, ella dijo: —Quiero ver al más milagroso.

Como no sabíamos a quién se refería, nos acercamos varios pastores para atender a la señora. Y ella, al vernos a todos, dijo: —No, no es ninguno de ustedes. Es otro el que es el más milagroso.

Si eres líder o estás en una posición de autoridad, tienes una gran responsabilidad, porque la cultura del pueblo está plagada de posverdades, y la mayoría de personas se creerán lo primero que escuchen y te creerán solo porque así lo sienten.

Asimismo, cuando aparece un grupo de mujeres con pañuelos verdes luchando por sus derechos, muchos de sus argumentos no son contundentes; de hecho, tienen muchas lagunas, pero hablan con tanta vehemencia que terminan convenciendo a mucha gente. Existen otros argumentos que son bastante interesantes de debatir, y también se podría compartir ideas acerca de cómo mejorar sus postulados, pero suele pasar que no aceptan ningún diálogo al respecto.

Las estadísticas de gente de las iglesias que apoya el aborto y la ideología de género, así como el feminismo y otras tendencias son realmente altas, al punto de ser peligrosas. El pueblo perdió su capacidad de análisis y lógica para dejarse llevar por los argumentos que más se gritan. Y así, poco a poco, se va olvidando de alimentarse con la Biblia y se sacia con los argumentos del entorno, con lo que la sociedad le ofrece.

Ten en cuenta que no podemos culpar enteramente al construccionismo social por la forma en que algunos grupos minoritarios lo usan para justificar sus demandas sociales. La teoría dice que debemos respetar a todos los que piensan diferente, porque su criterio es fruto de sus experiencias de vida y cada uno ha decidido darle el valor que ha querido. Pero este concepto no elimina la ciencia o la convicción espiritual. Es decir, hay que respetarlas a todas, aunque no es necesario creer en ellas.

¡Pon mucha atención en lo que vas a leer ahora!

ARTE, CIENCIA Y CULTURA POP

Los sistemas de poder se han movido de muchas maneras a través de los años. Desde los antiguos emperadores que se dedicaron a conquistar a otros pueblos hasta Hitler, un modelo de régimen dictatorial que logró que sus seguidores provocaran las grandes masacres de la Segunda Guerra Mundial.

George Orwell, en 1949, publicó el libro "1984". Con visión futurista, esta novela de ficción nos presenta un mundo distópico donde el estado tiene sus ojos puestos en todo lugar, y la policía del pensamiento anda tras aquellos que se atrevan a pensar o actuar diferente de lo que a la sociedad le ha sido permitido. Si el arte es un reflejo de la realidad, de seguro que ya en esos años había rumores acerca de lo que los gobiernos eran capaces de hacer.

Imagina un mundo en el que prevalece el control de los gobiernos, en donde el proletariado es entrenado desde la niñez para tener una mentalidad de pobreza, y en el que ser parte del ejército o del partido político de gobierno parece ser la única salida para los jóvenes que quieran llegar a ser alguien en la vida. ¿Te suena esto parecido a nuestra realidad de hoy?

También existe el libro "Un mundo feliz", de Aldous Huxley, donde se relata un mundo distópico regido por el entretenimiento, la sexualidad libre, el consumo de sustancias que dan la felicidad, etc. No sé cuál de la dos distopías me da más miedo.

La serie "The Boys" es otro ejemplo. Una empresa desarrolla en secreto seres con habilidades extraordinarias y los convierte en los héroes del mundo. Les hacen creer a todos que los héroes están allí para salvar al mundo y mantener el orden, pero solo es la fachada para ocultar sus verdaderos propósitos. Vender. Vender un sistema de protección como el de las mafias que controlan los negocios en determinados sectores, solo que en este caso se ganan a los ciudadanos por medio de un elaborado marketing que mantiene a todos contentos.

Quien tiene el relato hegemónico es el que construye la "verdad". Hoy vivimos en una lucha de relatos.

¡Qué tremendo!

¿Será tan caótico el mundo? ¿No estaremos exagerando?

Tengo la sensación de estar escribiendo una crítica alarmista y destructiva que nace de un resentimiento social. Pero no. Nos enseñaron a evitar pensar.

En el documental de Jürgen Klaric "Un crimen llamado educación", se evidencia que el sistema educativo fue creado en la era industrial con el solo objetivo de crear mejores trabajadores para las fábricas y no para acceder al conocimiento, sino para enseñarles a no pensar, a llevar a cabo tareas básicas, a cumplir metas. A ir en pos de una calificación que no mide conocimientos, madurez o carácter, sino que coloca a cada alumno dentro de un modelo que genera humanos robotizados incapaces de pensar.

El doctor en Psicología Iñaki Piñuel dice en este documental: "El sistema educativo es un gran entramado de poder que va preparando y adoctrinando para el día de mañana a los futuros ciudadanos para que sean indiferentes a las injusticias sociales, y los predispone a ser individuos más maleables y manipulables."

Claro, el sistema educativo evita enseñar sobre las competencias blandas, la economía naranja y el dominio del mundo financiero, y enfoca todo su esfuerzo en ofrecer conocimientos básicos de las ciencias que al final terminan siendo inútiles para la vida (si no sabes lo que son las competencias o habilidades blandas y la economía naranja, es gracias al sistema educativo).

En este sistema no caben los que dominan un arte, los nacidos para vender, los soñadores, los emprendedores, los creadores de contenido, los visionarios. Todos son reducidos a un mismo modelo.

Todo se conecta. El sistema crea ciudadanos incapacitados para pensar y eso les conviene a los gobiernos que usan la posverdad para ejercer su poder. Allí entran en escena las nuevas ideologías que se valen de la teoría del construccionismo social para hacerse escuchar.

Pero basta con echarle al tema un poco de cerebro. El construccionismo social dice que todos tenemos derecho a tener un criterio personal y a la valoración subjetiva del mundo. Las ideologías emergentes nos dicen que ellos son los que están bien y aquellos que fomentamos los valores bíblicos estamos errados, por lo tanto, nuestra voz debe ser apagada. Es decir, se valen del construccionismo social para adoptar su filosofía, pero cuando se enfrentan a la iglesia dejan de lado el construccionismo para volverse jueces dictatoriales e intérpretes de la sociedad.

> **Todos somos subjetivos y tenemos opiniones, todas igual de válidas, en torno a cualquier tema, incluso de aviación. Hasta que el avión pierde un motor y vamos a estrellarnos. Entonces nadie quiere opiniones, todos queremos la verdad y resolver el problema. Y el problema es que no somos conscientes de que nuestro avión de la sociedad ha perdido un motor.**

No podemos culpar al construccionismo social por la forma en que las nuevas ideologías usan sus argumentos para hacerse de una voz. Tengamos en cuenta que el argumento más poderoso del construccionismo social es respetar el criterio da cada uno, otorgándole valor a todas las tradiciones y creencias e invitándolas a ser parte de la mesa de discusión. Es decir, basándose en él, ellos también deberían respetar nuestras convicciones y dejar que tengamos nuestro merecido espacio dentro de la sociedad. Pero las nuevas ideologías destrozan al construccionismo social cuando denigran a todos los que piensan diferente, al punto de querer acabar con todos, sobre todo con los que tenemos a la Biblia como norma de vida.

Eso los hace peligrosos. Han levantado tan alto sus argumentos que empiezan a conseguir que el mismo sistema educativo sea corregido para volverse afín a sus intereses. Se alían a los gobiernos y a las organizaciones internacionales para tomar protagonismo, y han accedido al sector político para influir sobre la legislación de los pueblos y conseguir reformas legales que los amparen. Y mucho más que eso. Se metieron en el arte y en la cultura. Hoy es común ver las plataformas de streaming llenas de contenidos dominados por la ideología de género.

Mientras tanto, aquellos que hemos sido enseñados a soportar y callar carecemos de argumentos para poder enfrentar el tema con sobriedad y sin queja.

Las ideologías están minándolo todo, apadrinados por los que están en el poder.

Debo añadir en este punto que la Iglesia cristiana tuvo etapas históricas de poder y protagonismo, y tampoco se salva de haber cometido errores. En su momento, persiguieron y echaron a la hoguera a científicos por considerarlos herejes, e hicieron lo mismo con muchas mujeres, al considerarlas brujas por practicar medicina natural o trabajo sexual.

Ahora los papeles cambiaron. Gran parte de los colectivos ideológicos actuales quieren quemar en la misma hoguera a la iglesia como una especie de venganza, un ajuste de cuentas histórico, un karma provocado que, frente a toda lógica, les hace ganar más puntos y sembrar más opositores de la espiritualidad.

Hay que buscar respuestas sabias ante esos crímenes imputados a la Iglesia, y con justa razón, pero también debemos conseguir no volver a colocarnos allí. La respuesta no es ponerlos en la hoguera sino buscar oportunidades divinas para presentarles la misma verdad que un día nos abrazó a nosotros, la persona de Jesús. Luego Él hará el resto.

Es que quien tiene influencia sobre la opinión social asume un poder que, según nos lo ha demostrado la historia, termina corrompiendo a quienes se han colocado en esa palestra.

DIMENSIÓN ESPIRITUAL

Empezaré esta sección con una frase de Kenneth Gergen, precursor del construccionismo social:

"¿Cómo podemos compartir ideas y dialogar para suavizar las fronteras y aproximar a las distintas realidades?

Quizás te suene loco lo que te voy a decir, pero...

Todos debemos respetar a todos. En eso estoy muy de acuerdo con el construccionismo social. Respetar a todos, tanto en sus creencias, como en su forma de vida. Debemos respetar a los que apoyan el aborto, a los homosexuales, a las feministas, a los políticos corruptos, a los mentirosos y a los que hacen maldades. A todos. Eso es lo que la Biblia nos manda a hacer. Amar al prójimo, aunque piense diferente, aunque su conducta sea reprochable, aunque tenga una fe distinta, debemos amarlos a todos.

Pero pastor, dirán algunos, ¿no es eso aceptar la forma en que viven?

No, no es aceptar sus decisiones ni acoger sus creencias. Es ser como Jesús. Cuando una persona no ha tenido un encuentro real con Cristo, sus ideas y creencias van a ser disparatados intentos por entender el mundo, pero aquel que se ha encontrado con Dios de forma personal a través de la persona de Jesús, es impactado y empieza a tomar decisiones por sí mismo.

Pero pastor, debemos ir a convencer a todos sobre el amor de Dios.

No, no debemos convencer a nadie. Debemos amar como Él nos amó. El convencimiento no viene a una persona por lo bien que le hablemos de Jesús, por lo bonito de la música o por lo elocuente de la palabra expuesta en una reunión. El convencimiento viene por la obra del Espíritu Santo en la vida de una persona. Nosotros no podemos convencer a nadie de nada. Podemos intentarlo, pero no es nuestra labor. Podemos presentar una defensa cuando nos demanden razones (1 Pedro 3:15), pero no necesitamos convencer a nadie. Solo amar.

¿Eso nos hace incapaces de pensar?

De ninguna manera. Debemos ser mansos como palomas, pero astutos como serpientes (Mateo 10:16). Debemos plantear estrategias para saber cómo manejarnos en el mundo, para saber elegir gobernantes, para saber a quién creer y de quién desconfiar.

Entonces, ¿no debemos oponernos a los que nos denigran?

La respuesta a esa pregunta es simple. Si ellos nos denigran, nosotros no vamos a hacer lo mismo que ellos porque nos pareceríamos a ellos. Si queremos parecernos a Cristo debemos intentar actuar como Jesús. Y sí, soy consciente de que en nuestro ser llevamos un celo por las cosas de Dios y que es muy incómodo, al punto de la ofensa, cuando alguien habla mal de nuestro Dios. Allí entra la compasión. Se están oponiendo al Dios de dioses. Tengamos compasión de ellos.

Pero pastor, ¿no está diciendo con eso que debemos callarnos y no hacer nada?

Claro que no. Una cosa es la actitud con la que tomamos el asunto y otra cosa es la asignación que tenemos de parte de Dios.

La actitud correcta nos hace amar y es una muestra de madurez espiritual y de intimidad con aquel que es lleno de misericordia.

Pero la asignación es otra cosa. Algunos relacionan la asignación con el llamado. Puede ser. Hay relación.

¿Qué es la asignación?

Se trata del acto y resultado de asignar, indicar, establecer aquello que corresponde. Es un término de uso común en el ámbito militar, cuando a un miembro de la fuerza se le asigna una tarea específica y se le otorgan las capacidades e información necesarias para cumplirla.

Todos tenemos una asignación dentro de los planes de Dios. Y las asignaciones van de los proyectos más desafiantes hasta los propósitos más loables. No hay asignación grande o pequeña, ninguna es más o menos importante que otra. Todas forman parte de un engranaje espiritual que Dios usa para juntar las piezas y armonizarlas en un gran propósito global.

Algunos tienen la asignación del gobierno y la política. Deben ir en pos de ella. Otros tendrán una asignación artística, y por medio de ella harán retumbar a las tinieblas. Hay asignaciones para la educación y para las finanzas. Otras para la familia. Algunos reconocen estas áreas como "esferas de la sociedad"; otros le han colocado el nombre de "montes".

Ejemplos reales:

Andrés Panasiuk tiene una asignación en las finanzas, y su labor es vital para el mundo y la sociedad, no solo para la iglesia.

Sixto Porras es reconocido por su ministerio en favor de la familia.

Mira la gente que ha sido comisionada por Dios para formar organizaciones en favor de los niños como Compassion International y World Vision.

¡Hey Álex!, sé que tienes una asignación para las artes y continuamente hablas de ello. Oro para que la creatividad que has recibido del Eterno sea multiplicada al ciento por uno.

> **Que Dios nos ayude a amar, hablando la verdad en amor, de acuerdo a nuestro llamado y misión. Gracias David.**

La historia de José, hijo de Jacob, en el libro del Génesis, nos narra la asignación de gobierno que tenía este personaje desde muy pequeño.

A Jonás se le dio la asignación de predicar el arrepentimiento en Nínive. Samuel tenía la asignación de ungir reyes para el pueblo de Dios. Pablo tenía una asignación hacia los gentiles.

¿Cuál es tu asignación?

Algunos estarán llamados a ministrar y acompañar a los que luchan con la homosexualidad, otros a legislar con sabiduría, otros a fortalecer los valores familiares, otros a alcanzar a los jóvenes, otros a reformar el ámbito educativo y otros tendrán puertas abiertas en el mundo del cine y del entretenimiento.

Toda asignación tiene que ver con nuestro llamado y propósito en este mundo, y si solamente nos acomodamos a dejar que otros nos dirijan, perderemos la oportunidad de cumplir con ese propósito eterno. A la sociedad le hace falta tu criterio, tus consejos, tu voluntad y tu fuerza, es decir, lo que Dios te haya entregado.

Puede ser más fácil y cómodo no tener que tomar decisiones importantes y que otros las tomen por nosotros, pero eso nos aleja del diseño de Dios.

La primera asignación que el ser humano recibió y que todos heredamos fue la que recibió Adán. Y esa asignación tenía algunas aristas:

- Ejercer un dominio santo y puro sobre los animales y la creación.

- Tener muchos hijos, llenar toda la Tierra y administrarla.

Quizás tener una asignación te parezca algo loco, demasiado grande e importante como para que Dios pueda fijarse en ti. Para algunos, su asignación será cuidar y discipular un grupo pequeño, para otros pastorear y discipular a una familia. Recuerda que ninguna asignación es pequeña o grande, y que todas tienen propósitos eternos.

A veces ocurre que alguien, que tuvo una asignación de ir a las naciones, llegó a hacerla realidad porque otra persona, a su vez, escuchó el llamado de discipularlo a él. Podría no haberse dedicado a nada más en la vida y aun así habría cumplido su asignación. Escuché alguna vez el testimonio de Marco Barrientos y de la viejecita que abrió las puertas de su casa para que él, cuando aún era adolescente, pudiera escuchar el evangelio. Y si eso fue lo único que el Padre llamó a hacer a esa señora, estaría perfecto, porque logró conectar a Marco con el propósito eterno de Dios.

Te animo a ir hacia el cumplimiento de tu propósito. Escucha el llamado, la voz de Dios, el impulso para ir hacia aquello que en tu interior sabes que te espera.

¡Ve por ello!

DIÁLOGOS

Este no ha sido un capítulo fácil de digerir. Ve con tu grupo de discipulado y comparte algunas de estas preguntas para extraer lo que está en su pensamiento y en su corazón. Crea el ambiente necesario para que esto ocurra, y luego empieza a lanzar las preguntas.

Considera que no es necesario hacer todas las preguntas solo por terminar el material. Puede que una sola pregunta genere el diálogo suficiente como para compartir por horas. Solo ten cuidado de que todos participen.

¿Cuál es tu visión sobre lo que sucede en la sociedad?

¿Cuál es tu postura respecto de la ideología de género?

¿Podrías dar un ejemplo real del discurso de la posverdad?

¿Cómo ves a la sociedad y su forma de elegir a los gobernantes?

¿Tienes clara una asignación de parte de Dios?

¿Hacia qué lado se inclina tu asignación?

¿Qué te hace falta para cumplir a plenitud ese llamado?

Ten en cuenta que:

No todos estarán en el mismo punto. Recuerda lo que hablamos sobre la educación. No todos van al mismo ritmo ni tienen las mismas experiencias. Todos son diferentes y tu función al liderarlos es encontrar la forma de acompañar a cada uno a su propio ritmo, con sus virtudes y defectos. Ayúdalos a pensar, haz las preguntas adecuadas y toma tiempos a solas con cada uno para poder profundizar más.

¡Por ahora esa será tu asignación!

CIERRE DEL TÓPICO:
DILEMAS DEL SER SOCIAL
POR ÁLEX

Imagina a unos cuantos erizos viviendo en una cueva de espaldas al fuego y viendo solo las sombras, chocándose unos con otros, hiriéndose sin saber bien quién tiene la culpa, sin saber por qué se pinchan si en las sombras que proyectan no parece que sea peligroso. Algunos deciden quedarse a un lado, otros siguen intentando conectarse sin saber muy bien las causas de su sufrimiento. Como nadie tiene nada claro, construyen sus respuestas, sus verdades que les ayudan a sobrevivir, pero todos saben que solo son opiniones. Y que la "verdad" en un momento dado solo es la opinión de la mayoría o la de los erizos más poderosos, una quimera. Las espinas se clavan en nuestras mentes y nos condicionan durante toda la vida. Bienvenidos a la sociedad de los erizos en la cueva.

Es innegable que somos seres sociales y que desde que nacemos buscamos el afecto, la ternura, la cercanía, el abrazo incondicional. Pero las espinas vienen de serie, y crecen y hieren y nos hieren.

En las sombras. Y no tenemos la luz suficiente como para saber el porqué. Construimos teorías psicológicas, guardamos las distancias o nos conformamos a la idea de la mayoría, al relato hegemónico, a lo que sea, con tal de comprender quiénes somos y cómo vivir con nuestro entorno, con el otro. Y seguimos sin verlo claro.

Necesitamos luz, en primer lugar para tomar conciencia de nosotros mismos y del otro. Y en segundo lugar necesitamos saber qué hacer para sanarnos. En tercer lugar, nos gustaría sanar a los demás, soñamos con una sociedad más justa, más buena, más verdadera. Y es un anhelo lícito, pero si nos movemos en las sombras erraremos en el blanco, pecaremos, y entonces seguiremos haciéndonos daño.

El ser humano, como ser social, ha sido un tema recurrente en la filosofía, desde el zoon politikon de Aristóteles hasta las nuevas teorías sociales, o incluso la disciplina "reciente" (un par de siglos) de la sociología, que estudia directamente el fenómeno social como tal. Y allí vamos, construyendo y deconstruyendo, pero sin salir de la cueva y con las espinas haciendo de las suyas. La Palabra de Dios plantea una alternativa: sea la luz. En Jesús podemos descubrir quiénes somos. Recordando que Él dijo "Yo soy la luz del mundo", sociedad incluida. Y nos dio dos máximas indisolubles: amar a Dios y al prójimo, al próximo, al que tenemos cerca.

Él es la verdad, no una verdad que se construye o que se inventa, o de la que se opina. No. Es una verdad que nos busca, que entra en nuestra cueva, que nos interpela. Porque la verdad se descubre, se conoce ("conoceréis la verdad"). "Aletheia", en griego, significa abrir el velo, ver más allá de las apariencias, dejar que la luz entre en nuestra oscuridad, ver detrás del telón. No todas las opiniones valen lo mismo. En nuestra sociedad nos cuentan la famosa historia del elefante en la habitación oscura. Allí hay personas de distintas creencias que tocan diferentes partes del elefante. Algunos, al palparlo, opinan que el elefante es flexible y largo como una serpiente, porque tocaron la trompa; otros dirán que es robusto como una pared al tocar su lomo; otros que es como un tronco porque abrazaron una pierna; otros dirán que el elefante no existe porque en la oscuridad no han llegado a tocarlo. Y al finalizar esta parábola nos dicen: "¿Ves? Todos tienen razón, cada uno tiene su opinión, dependiendo de su experiencia. La verdad absoluta no existe, el relativismo es la única verdad absoluta (¿?). Cada uno puede pensar lo que quiera acerca del elefante…

Pero, en realidad, la historia no termina ahí. Han hecho trampa. Porque el narrador de la historia sí que sabe cómo es el elefante, y nos toma a todos por tontos. No, yo termino la historia así: entonces, en medio de la oscuridad, llegó Jesús, encendió la luz de la habitación y dijo: "Eso es un elefante; podéis seguir negando la evidencia, pero la luz ha venido al mundo".

Jesús no tuvo miedo a la intimidad, se acercó a nosotros de manera peligrosa, y nosotros lo traspasamos con nuestras espinas. Él se coronó con nuestro dolor, dejó que lo hiriésemos y nos perdonó; cargó con todas nuestras culpas, cargó con todos los erizos mientras nosotros ni siquiera éramos conscientes de lo que estábamos haciendo: "Padre, perdónalos porque no saben lo que hacen". Nos estaba sacando a todos de la cueva en sus brazos. "Sea la luz". Pero algunos no queremos salir. Y luego quiere arrancarnos las espinas; en su luz vemos la luz, como Aslan al arrancar con sus garras las escamas de dragón para volver a convertir a Eustace en humano en Las Crónicas de Narnia. Eso es lo que quiere hacer Jesús. Hacernos humanos de verdad. En la cruz, yo estaba en su mente, la corona de mis espinas hería al Rey que vino a nuestra oscuridad para sacarnos de ella. Si queremos, como en el domingo de Resurrección, Dios puede mover la piedra y hacernos salir con Él. Y ver el sol, descubrir la verdad y abrazarnos unos a otros de corazón.

TERCER TÓPICO:
DILEMAS DEL SER ESPIRITUAL

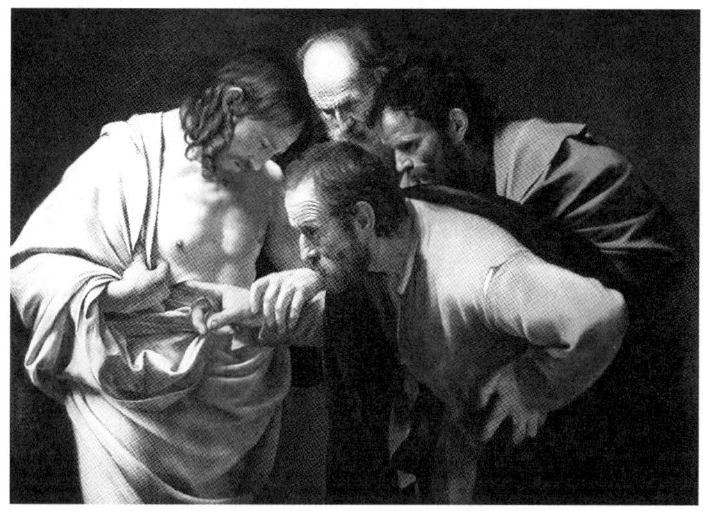

La obra pictórica que ves aquí se llama "La incredulidad de Santo Tomás", del pintor italiano Caravaggio, cuya mayor innovación fue la técnica conocida como el tenebrismo, que consiste en destacar al personaje o escena principal en un foco de luz haciendo contraste con el resto de la escena que queda en penumbra (como la estás viendo en blanco y negro, probablemente no podrás percibir esto completamente).

La escena que vemos es una referencia al pasaje del evangelio de Juan capítulo 20, donde Tomás se había mostrado suspicaz frente a la resurrección del Maestro, aseverando que no creería hasta que pudiese ver con sus propios ojos las marcas de sus manos e introducir su dedo en la herida del costado de Jesús.

Espero que al menos se lavase las manos antes.

La escena relata justo ese momento en que Tomás entierra su dedo en la herida aún abierta, hecho resaltado con un realismo pictórico que se vuelve incómodo y hasta desagradable.

Los asuntos de fe y espiritualidad siempre son así. Van cargados de un aire de incredulidad y duda hasta que logramos comprobar de manera tangible el hecho.

En esta sección vamos a tener que hacer eso. Nos vamos a encontrar con dilemas filosóficos de carácter espiritual y nos veremos obligados a tomar una decisión. En algunos casos probablemente te sentirás deseoso de meter el dedo en la herida, de pedir una comprobación, un sustento tangible que te permita creer. En otros casos, de seguro, como siempre sucede en estas cosas, el Espíritu de Dios va a tocar tu interior para proveerte de una convicción difícil de borrar.

¡Nos vemos allí!

Me encanta Tomás, me enseña que tambіén hay lugar en el reino de Dios para los que tenemos dudas. Gracias Jesús por tu paciencia conmigo.

POSTULADO 7

La tetera de Russell y la fe inteligente

"Defender la fe hasta el límite de nuestra capacidad no es un lujo ni una indulgencia de la vanidad intelectual. Es la tarea encomendada a cada uno de nosotros al dar testimonio de nuestra fe delante del mundo".

R.C. SPROUL – *Cómo Defender su Fe*

En el año 1952, una revista importante encargó a Russell para que hablara en un artículo sobre la existencia de Dios y los argumentos que la gente presentaba para debatir dicha existencia.

Bertrand Russell, que estaba en el mejor momento de su carrera, habiendo ya ganado un Premio Nobel de literatura, escribió el artículo cuyo nombre en español es "¿Hay un Dios?", en el que se describe esta

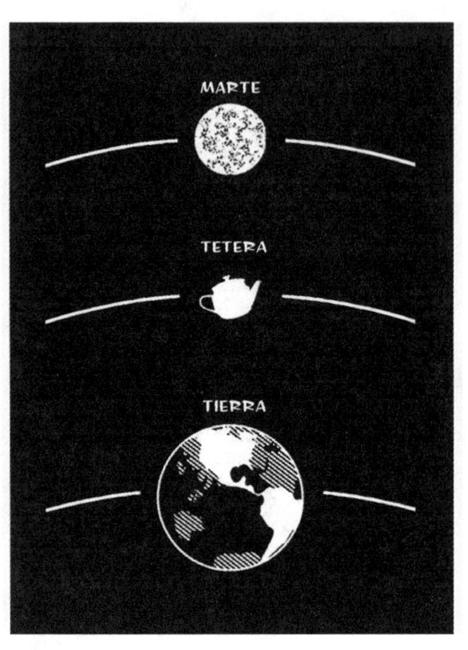

idea que se conoce hoy en día como la "Analogía de la tetera".

Transcribo directamente un fragmento del artículo para que no se pierda ni una palabra:

"Si tuviera que sugerir que entre la Tierra y Marte existe una tetera china girando alrededor del sol en una órbita elíptica, nadie sería capaz de rechazar mi afirmación si hubiera tenido la precaución de añadir que la tetera es demasiado pequeña para ser observada incluso por nuestros telescopios más potentes. Pero si yo dijera que, dado que mi afirmación no puede ser rechazada, es intolerable la presunción por parte de la razón humana dudar de ella, se pensaría que estoy diciendo tonterías. Sin embargo, si la existencia de dicha tetera estuviera afirmada en libros antiguos, se enseñara como sagrada verdad cada domingo y se inculcara en las mentes de los niños en la escuela, la vacilación para creer en su existencia sería signo de excentricidad, y quien dudara merecería la atención de un psiquiatra en un tiempo ilustrado o de un inquisidor en tiempos anteriores". (Bertrand Russell)

Aunque este artículo nunca fue publicado por dicha revista, sí que se volvió famoso, ilustrando la postura atea del escritor.

¿DÓNDE ESTÁ EL DILEMA?

Russell no escribió este artículo con la intención de atacar a las religiones o a las creencias sino para cuestionar sus argumentos.

¿Acaso hay que creer que algo es verdad solo porque todo el mundo dice que lo es?

Guiarnos por esta *falacia ad populum* no ha hecho más que ponernos en una postura de no querer discutir ideas o pensamientos sin darnos la oportunidad de resolver dudas básicas para fundamentar nuestras creencias.

No me mal entiendas: tener una certeza sobre lo que crees es fantástico, pero ¿qué sucede cuando esa fe tan fuerte es una fe que no piensa? Corre el peligro de volverse una fe ciega. La relación con Dios tiene que ver con el espíritu, pero también con la mente, las emociones, el alma. Son las primeras conexiones que surgen con Dios.

Mi padre siempre me dijo: "Álex, la fe no es un suicidio intelectual". Tenía razón.

Claro que sí, la tenía. Al tocar nuestra alma, mente y emociones, Dios nos sana, nos renueva, nos enseña. Aunque muchos puedan no estar de acuerdo, tiene un gran sentido el apegarnos tanto a creer en Él desde el lado emocional, porque las emociones son lo primero que Dios mueve. Pero claro, quedarnos en ese punto sería volvernos eternamente inmaduros.

Y ese es justamente uno de los grandes problemas de la vida cristiana. Nos acostumbramos a vivir en un nivel demasiado bajo, nos conformamos con saber lo suficiente del Dios en el que creemos como para decir que somos cristianos, y por esa razón perdemos la noción investigativa, el hambre por conocerle más, la búsqueda incesante que todo hijo de Dios debe albergar en su corazón. Renunciamos a la oportunidad de saber más de Dios para quedarnos con lo que nos pueden enseñar en las clases bíblicas o desde el púlpito. Eso nos hace cristianos enanos, endebles, con convicciones pasajeras que se doblan ante las circunstancias difíciles o los argumentos anticristianos.

Eso es lo que cuestiona Russell. El hecho de creer solo por creer sin buscar fundamentos a la fe, sin tener un sustento del porqué se hace lo que se hace. De hecho, tiene mucho sentido cuando Russell menciona que las religiones parecen moverse en base a acuerdos consensuales sobre sus creencias más que en tener un fundamento para sus convicciones.

Quizás ese sea el motivo por el cual, durante mucho tiempo, la filosofía y la ciencia hayan estado en conflicto con el cristianismo. La verdad es que no hemos logrado resolver los paradigmas que nosotros mismos hemos creado, pero entiende esto: la Biblia está repleta de sabiduría y la filosofía es el amor por la sabiduría. Por lo tanto, la filosofía ama la Biblia porque allí hay sabiduría, a pesar de los muchos filósofos que odian la fe.

Muchos filósofos, por otro lado, la aman. Les sorprendería saber la cantidad de filósofos reconocidos a nivel mundial que hoy en día creen en Dios y en Jesús, el Hijo de Dios.

Ahora, para alcanzar sabiduría es necesario cultivarla. Interviene la inteligencia, sí, pero no solo la inteligencia lógica, también la emocional y la espiritual. A eso se le suma la madurez, que se demuestra por el desarrollo de la sabiduría.

Sí, nuestra vida espiritual también puede ser inteligente, pensante.

Entender el misterio de la maravillosa aventura que es creer en Dios requiere de intelecto y disciplina. Y de ir más allá del argumento que afirma "mi Dios es real porque nadie ha probado lo contrario" del que habla Russell.

Citando a uno de mis autores favoritos:

"Demonizar la inteligencia y el pensamiento crítico es darle al enemigo herramientas que no le pertenecen". (Álex Sampedro – *Artesano*)

Este es un momento muy metanarrativo, jaja. Gracias, David.

Entonces, ¿son la fe y la inteligencia conceptos opuestos?

Un argumento recurrente de mucha gente es el que afirma que los cristianos no somos seres pensantes, que nos han lavado el cerebro para convencernos de algo que no tiene lógica. Y desde esa base la sociedad empezó a odiar a las religiones, porque para el mundo todas las religiones son iguales. Y probablemente en un sentido, solo en un sentido, esa afirmación sea cierta.

"A pesar de su aparente poder de convencimiento, la afirmación de que la religión es solo una cuestión de fe no es más que un mito moderno; simplemente no es verdadera. Si bien la religión requiere fe, la religión no se trata solo de la fe. Los hechos también son fundamentales para todas las religiones porque todas las cosmovisiones religiosas, incluido el ateísmo, hacen afirmaciones de verdad y muchas de esas afirmaciones de verdad pueden evaluarse a través de la investigación científica e histórica". (Geisler y Turek - *No basta mi fe para ser ateo*)

Entonces, ¿en qué es diferente el cristianismo de otras religiones, considerando que todas tienen afirmaciones de fe y que varias de ellas son contrapuestas la una con la otra? Unos dicen que Jesús resucitó, otras que ni siquiera existió.

La pregunta que Geisler y Turek hacen es clave: ¿es el cristianismo razonable?

Te animo a que puedas hacer tu propia investigación con los miembros de tu iglesia, no con la idea de avergonzar a nadie, por favor no, sino más bien con una sana intención investigativa que te pueda dar luces del estado de tu comunidad. Pregúntales cuáles son las razones por las que han puesto su fe en Jesús. Lo más común detrás de esa pregunta es escuchar argumentos que están basados en lo emocional (porque me da paz, seguridad, protección, me ha recibido en su casa), o argumentos basados en la Biblia que se escuchan de forma constante (porque es el único Dios, porque envió a su Hijo a morir por mí).

Son pocas las personas que responderían algo como:

- Porque Jesús es real.

- Porque hay pruebas históricas contundentes de la veracidad de la Biblia.

- Porque hay razones filosóficas y científicas que avalan la verdad de Dios.

No quiero decir con esto que las emociones sean negativas. Ya hemos dicho que son una parte clave dentro del proceso de conocer a Dios, y mucho de lo que tiene que ver con las convicciones que uno desarrolla en la vida están ligadas al hecho de haber tenido una experiencia con Dios.

El problema es que la Iglesia ha sufrido a través del tiempo un proceso de quebrantamiento interno. Una segmentación involuntaria que alejó las dos posturas haciendo que de un lado del río se coloquen los que valoran las experiencias espirituales y del otro los que valoran las pruebas científicas. Algunos hasta han llegado a decir que los primeros son "calientes" y los segundos son "fríos".

¿No te parece que algo no anda bien en esa controversia?

La utopía en la que Jesús creía era que podíamos ser uno, como Él y el Padre son uno.

¿Será posible algún día vivir esa utopía?

ARTE, CIENCIA Y CULTURA POP

"No van a escuchar. ¿Sabes por qué? Porque tienen ciertas nociones fijas sobre el pasado. Cualquier cambio sería una blasfemia a sus ojos, incluso si fuera la verdad. Ellos no quieren la verdad; prefieren sus tradiciones". (Isaac Asimov)

El discurso de Asimov siempre estuvo alineado al ateísmo; aunque no se oponía en particular a las convicciones genuinas de las personas, sí confrontaba las supersticiones y creencias infundadas.

Es mi autor favorito de ciencia ficción. Su saga "La fundación" marcó mi pensamiento en mi preadolescencia y fue una de las razones por las que terminé estudiando psicología.

Pensando en Asimov se me ha venido a la mente la pregunta: ¿cuántas supersticiones se han permeado en nuestras prácticas de iglesia?

Cuando era niño, recuerdo haberme fijado en un lazo de color rojo que se colocaba a los bebés al momento de nacer. Cuando pregunté de qué se trataba el lazo, me respondieron lo siguiente: es un lazo protector para el mal de ojo; si colocas este lazo en la muñeca del bebé, los malos espíritus se mantendrán alejados.

Hay muchas supersticiones mezcladas en la iglesia, sobre todo en la cultura latina. Si lo piensas bien, es cierto que existen malos espíritus o, como los llama la Biblia, huestes espirituales de maldad. Es real. ¿Dios nos protege de esas criaturas? Sí, la Biblia lo dice también. Pero de ahí a que el lazo rojo sirva de protección, no, *not, non, nein, ñao* y todas las formas que encuentres para decir "no".

La superstición se practica hasta volverse tradición, y la tradición se vuelve cultura, y una cultura plagada de superstición empobrece la facultad de pensar. Una iglesia que se vuelve supersticiosa tendrá una cultura tradicional con escasos argumentos para sustentar su fe.

A lo largo del tiempo se han hecho muchas cosas por superstición más que por convicción. Se dijo que los libros de ciencia eran del diablo. Se dijo lo mismo de la guitarra eléctrica y la batería, de la televisión y del internet. De los video juegos y de cuanta cosa ha aparecido. Desde una perspectiva de alguien no creyente, los cristianos podrían sonar como gente demasiado supersticiosa y carente de fundamentos para afirmaciones como estas.

Hay una anécdota curiosa sobre un personaje famoso que en su época de estudiante empezó la lectura de los evangelios y se obsesionó con ellos, pensando que estas enseñanzas podrían ser la respuesta a las injusticias sociales y los prejuicios raciales en su país, por lo que buscó una iglesia cristiana con la intención de bautizarse, pero al llegar no le dejaron entrar y le sugirieron que intentara buscar una iglesia para gente negra. Fue de ahí que sale la frase "Me gusta tu Cristo, no tus cristianos". Gandhi, poco después de haber sido rechazado, decidió seguir creyendo en Cristo, pero a su propia manera, después de haber tenido una mala experiencia con gente con una tradición dañina.

Bastaba con leer la Biblia, ni siquiera estudiarla a fondo, solo leerla, para saber que Jesús no estaba de acuerdo con tales prácticas raciales.

Lamentablemente, Gandhi quiso entrar en una iglesia que no había entendido la fe, que no tenía idea de cómo manifestar el amor de Dios y que se basaba en supersticiones para sus prácticas cotidianas, porque ¿de qué otra forma se puede explicar tal actitud? Se pusieron de acuerdo para decir que la iglesia debía funcionar así, y de esa manera vivían una fe poco inteligente.

Las artes literarias se mueven en la ficción. La narrativa de novelas y relatos que vemos impresos o que salen en una película son fantasía. Pero no totalmente. Para que una historia sea buena y creíble necesita tener una porción de realidad. Mientras más realista sea, más creíble será. Mientras menos realista sea, terminará convirtiéndose en un cuento de hadas. Una buena historia busca un equilibrio entre lo real y lo irreal, un 50% de realidad y 50% de fantasía. Y el lector, al iniciar la obra, asume el hecho de creer en la porción de fantasía que el escritor propone sustentado en el porcentaje de realidad.

Puede que esto también suceda con la religión. La mayoría de la gente piensa que hay una porción de realidad y que el resto es fantasía; asume por voluntad propia el creer que lo que le dicen es cierto, a pesar de que en su corazón piensa que es fantasía.

Por eso la religión tiene límites que no nos permiten conocer a Dios a profundidad porque se conforma con las prácticas tradicionales que han sido aceptadas sin pensar, pues todos se han puesto de acuerdo para que así sea. Una espiritualidad inteligente, en cambio, analiza en profundidad los conceptos y busca una experiencia real basada en ese conocimiento.

Es el ejemplo de la astrología.

¿Existen las estrellas? Sí.

¿Existe una influencia de los astros sobre el mundo? Claro que sí.

Influyen sobre el clima, sobre las mareas, sobre los períodos glaciales y varios otros detalles. Pero de ahí a que las personas de tal o cual signo zodiacal estén influenciadas por los astros para que su personalidad sea de tal manera o que su suerte cambie por predicciones del horóscopo, cae en el 50% de ficción que requiere la fantasía para considerarse como tal.

De todas maneras, y con las escasas pruebas de su veracidad, la astrología es tomada como una verdad por mucha gente que rige su vida por la lectura del horóscopo y otras supersticiones similares. Ya verás que la gran mayoría de cristianos de todo el mundo te dirán que conocen su signo zodiacal, aunque te dirán que no creen en ello; con todo, muchos se sienten tentados a leer diariamente la suerte que les depara el día, y hasta dicen, sorprendentemente, que muchas veces coincide con la realidad.

Ese es el punto de Russell y su tetera. Desde la visión de un ateo como Russell, la perspectiva de la religión y la perspectiva de la astrología son muy similares, porque sus bases se fundamentan en acuerdos populares de lo que se debe hacer para conocer a Dios, en un caso, o de lo que dice el horóscopo, en el otro.

El efecto Forer recibe su nombre gracias al psicólogo Bertram Forer que realizó un experimento con un grupo de estudiantes a quienes les practicó un test de personalidad que diferenciaba 5 tipos de personalidades distintas. Todos ellos dieron una alta coincidencia al modelo de su personalidad, aunque en realidad se repartió un mismo resultado genérico a todos ellos sin que lo supieran. Un sutil, pero cruel engaño.

También se conoce como el efecto Barnum, en honor a P.T. Barnum, personaje de la vida real reflejado en la película "The Greastest Showman", quien preparaba grandes actos circenses con personajes disfrazados para asemejar una condición especial o sobredimensionando un rasgo de su físico. Barnum tuvo tanto éxito porque la gente estaba dispuesta a creer en la veracidad de su puesta en escena.

Uno de nuestros deberes como hijos de Dios es lograr que nuestra fe sea inteligente, y no simplemente un espectáculo emocional atrayente para llevar a todos a creer en Dios como si fuera una ilusión. Eso es una falta de respeto al Creador de todo.

Si no sabes justificar tu fe de una forma espiritual, sino que solo usas un conocimiento racional y pensante, puedes estar en riesgo de hacerla parecerse más a la astrología o a un show de circo. Estamos llamados a contrarrestar ese riesgo.

En resumen, el argumento de Russell dice que, si no se puede probar que algo es falso entonces es real. Si no puedo probar la inexistencia de Dios entonces de seguro Dios es real. Y esa explicación para argumentar la existencia de Dios es demasiado pobre, sobre todo considerando todos los argumentos que tenemos para decirle al mundo que Dios es real.

Ahora, debemos estar conscientes de la realidad espiritual también. Existen demasiadas cosas que no se pueden explicar desde una perspectiva humana pues son sobrenaturales. Es esa parte de la historia de Dios que sobrepasa los límites de lo normal pero que para todos los que somos creyentes es real.

"Muchos pretenden vaciar a Jesús y al cristianismo de todo lo que pueda haber de sobrenatural, diciendo que la ciencia puede explicar todos los milagros. Y, si en algún caso no puede, será porque no ocurrió.

Pero, ¿pueden causas naturales convertir el agua en vino, hacer que un hombre camine sobre el mar, curar a un paralítico de nacimiento o resucitar un cadáver? El Dios de la Biblia sí puede". (Antonio Cruz – *Introducción a la Apologética Cristiana*)

¿Cómo explicar la sobrenaturalidad de Dios sin caer en la noción de fantasía?

DIMENSIÓN ESPIRITUAL

Santo Tomás de Aquino decía que la filosofía y la teología no son contrapuestas sino complementarias, pues el modo natural de conocer las cosas está basado en la lógica y en los procedimientos de la razón, pero ese no es el único modo de acceder al conocimiento de Dios porque existe también la aceptación de los principios dados por revelación divina y eso se acepta por fe, aunque también puedan ser analizados, meditados y hasta especulados.

En los inicios de las universidades en Europa, la teología era la ciencia reina, la mayor de las carreras, y de ella emanaban todas las demás.

La espiritualidad inteligente es aquella que entiende cómo funciona el mundo natural y también el espiritual. Logra establecer lazos entre lo que perciben los sentidos naturales, lo que captan los sentimientos y las emociones, las ideas de la mente y la lógica, y la convicción del Espíritu.

"Sin embargo, cuando estoy entre cristianos maduros, imparto sabiduría; pero no la sabiduría de este mundo ni la de quienes lo gobiernan, que están destinados a desaparecer". (1 Corintios 2:6)

Pablo tenía esta política: predicar el evangelio de acuerdo al auditorio que tenía. En ocasiones lanzaba una disertación basada en su conocimiento de las Escrituras, la historia y las ciencias. Valoraba la cultura y la forma de pensar de ese pueblo, y a partir de allí les predicaba. Pero cuando tenía que enseñar a cristianos maduros, se enfocaba en la sabiduría que viene del cielo. Esa que no se puede explicar sino por medio de la revelación del Espíritu de Dios.

"Nosotros las conocemos porque Dios envió a su Espíritu a revelárnoslas, ya que su Espíritu lo escudriña todo, hasta los secretos más profundos de Dios". (1 Corintios 2:10)

Y es que, para acceder a un mayor conocimiento de Dios, es necesario que nuestro espíritu tenga un encuentro real con el Espíritu de Dios, por medio del cual podemos acceder a los secretos más profundos de Dios.

"El que no tiene el Espíritu no puede aceptar lo que viene del Espíritu de Dios, pues le parece una locura. No lo puede entender, porque hay que discernirlo con la ayuda del Espíritu". (1 Corintios 2:14)

¡Esto es poderoso!

San Agustín de Hipona fue uno de esos pensadores que se estuvo debatiendo entre el racionalismo y el fideísmo. El racionalismo acude solamente a la razón como motor de todo conocimiento, y el fideísmo afirma que no se puede conocer a Dios por medio de la razón. Su conclusión final fue que la razón y la fe no están en oposición, sino que se complementan la una a la otra. Lo mismo pensaba Santo Tomás de Aquino.

A los racionalistas les responde: *Crede ut intelligas* (cree para comprender)

A los fideístas les responde: *Intellige ut credas* (comprende para creer)

> **Recomiendo encarecidamente el libro de San Agustín "Confesiones", uno de los libros más desgarradoramente sinceros, escrito desde la gracia de Dios.**

Se dice que la mayoría de los cristianos protestantes hemos sido enseñados dentro de la doctrina fideísta. Quizás por eso hoy luchamos tanto con la idea de usar la ciencia o la filosofía para explicar las verdades de la fe. Se nos enseñó a rechazar la lógica, confundiendo la fe con la ficción. Hoy es tiempo de cambiar esa realidad. Aceptar y vivir la fe no tiene por qué ser un suicidio intelectual.

Resumiendo:

- Nuestra fe no es ficción, es absolutamente real.

- Se mueve dentro de dos realidades: la natural y la sobrenatural.

- Se manifiesta a través de los sentidos, pero también a través de lo intangible.

- La fe y la razón son dos vías para acceder a Dios, y son complementarias.

- Conocer a Dios solamente por medio de la razón es un conocimiento limitado e insuficiente.

- Conocer a Dios solamente por medio de la fe nos hace incapaces de explicar razones de peso a los que nos las piden.

"Más bien, honren en su corazón a Cristo como Señor. Estén siempre listos para responder a todo el que les pida explicaciones sobre la esperanza que ustedes tienen". (1 Pedro 3:15)

Ahora, nuestro deber no es convencer a nadie, no fuimos llamados a eso, pero sí fuimos llamados a buscar la defensa de nuestras creencias, a tener una convicción firme pero sustentada, no por la obstinación sino por un criterio fundamentado en el estudio y en la experiencia vivida, que es justamente lo que hace que se mantenga a flote frente a cualquier cuestionamiento externo.

¿Y qué hay de los milagros?

La Biblia es rica en la narrativa de los milagros. ¿Son reales? ¿Se pueden explicar por medio de la ciencia?

Para alguien inclinado al ateísmo, lo que muchos llaman milagro puede ser explicado por la ciencia, y hasta por una coincidencia, pero jamás sería reconocido en el ámbito de lo sobrenatural. Para alguien de fe, un milagro es real, y la mayoría de las veces es inexplicable.

De allí surgen más preguntas: ¿los milagros de la Biblia son solo alegorías? ¿Por qué no suceden hoy?

He visto la sanidad de muchas enfermedades, a veces por el tratamiento médico, otras veces de forma inexplicable. He sido testigo de primera mano de tres personas que tenían pie plano y que fueron sanadas de eso. Una de esas personas es mi hija. La vimos nacer con pie plano y pasó así los primeros quince años de su vida, con dificultad para caminar y correr, y con caídas estrepitosas casi todo el tiempo. Si me preguntas si puedo explicar de forma científica el hecho de que ahora ya tiene un arco plantar, la verdad es que no puedo. Si me preguntas por qué Dios haría tal clase de milagro, lo único que viene a mi mente es que Dios quería una mejor vida para mi hija guardándole de problemas futuros. Mi hijo menor nació con una hernia umbilical que debía ser operada, y justo el día de la cirugía, en el momento de la preparación para el quirófano, la hernia ya no estaba. Mi hijo tenía apenas un mes de nacido. La doctora, que no era creyente, dijo: "Esto es un milagro".

¿Los milagros existen? Definitivamente sí.

¿Se pueden explicar? Algunas veces, otras no.

"Debido a que Dios existe, los milagros son posibles. De hecho, el mayor milagro de todos, la creación del universo de la nada, ya ha ocurrido". (Geisler y Turek - *No Basta Mi Fe para Ser Ateo*)

Me gustaría dejar este hilo abierto para que tú mismo puedas juzgar. ¿Eres de los que se ponen del lado de la razón y le buscas explicación a todo? Quizás debes creer para comprender. ¿Eres de los que cree ciegamente en lo que te dicen sobre Dios? Quizás debes comprender primero para después creer.

Equilibrio. Esa es la palabra clave. Llegará el día en que veamos la dimensión natural y la sobrenatural funcionando unidas e indivisibles, y ese día probablemente comprenderemos mejor todas las cosas.

Porque nuestra fe, en definitiva, es una fe razonable, razonada; se puede articular, explicar. Nuestro Dios no es el "ilogos", el ilógico, sino el logos, el verbo, la palabra, lo lógico. El problema es que todos somos muy supersticiosos. Todos, los que creen en Dios y los que creen en otras ideas que sustituyen a Dios. Por eso debemos estar abiertos a los:

DIÁLOGOS

Usa esta porción para provocar una discusión abierta sobre los temas propuestos. La mejor forma de lograr un aprendizaje y asimilación en tus discípulos es que puedan decir aquello en lo que piensan y creen, con sus propias palabras.

Aquí algunas preguntas que te pueden ayudar a disparar los

diálogos:

¿La fe es ciega?

¿La fe y la inteligencia son contrarias?

¿Cómo debería ser una fe inteligente?

¿Se pueden demostrar científicamente las cosas sobrenaturales?

¿Conoces supersticiones en las que crean algunos cristianos?

Ten en cuenta que:

No todos estarán dispuestos a romper sus propios paradigmas respecto de lo que creen. Algunos han sido enseñados en una escuela muy hacia la fe y lo sobrenatural, mientras que otros han crecido en un ámbito muy de la inteligencia y de las explicaciones racionales. Ayuda a cada uno a lograr un equilibrio para vivir una fe inteligente.

POSTULADO 8

La paradoja de Epicuro y el problema del mal

"Siempre que se encuentra a un hombre que dice no creer en un Bien o Mal real, un momento después se lo encontrará retractándose de ello".

C.S. Lewis – *Mero Cristianismo*

"Mero cristianismo" es mi libro favorito. Empieza bien este capítulo.

Epicuro de Samos, filósofo griego fundador de la corriente que lleva su nombre. El epicureísmo se fundamenta en una premisa importante:

la curación del alma humana. La filosofía, según el epicureísmo, debería apuntar a lograr esa curación para conseguir vivir una vida feliz y placentera conforme al carácter hedonista que profesa en su ética. El factor clave en este proceso implica desechar los temores sobre el destino, los cuales giran alrededor de los dioses y la muerte. Por ende, Epicuro tiene una constante crítica acerca de Dios.

Aunque no niega la existencia de Dios o de dioses, sí que niega su participación en el mundo. Desde esta perspectiva lanza esta propuesta que a lo largo de los años se ha conocido como "el problema del mal". Una paradoja que cuestiona la intervención bondadosa de Dios en el mundo de los humanos, planteando este problema en forma de cuatrilema, que es justamente la paradoja que discutiremos en este capítulo.

¿Es que Dios quiere prevenir el mal, pero no es capaz de lograrlo? Entonces no es omnipotente.

¿Es capaz, pero no desea hacerlo? Entonces es malévolo.

¿Es capaz y desea hacerlo? ¿De dónde surge entonces el mal?

¿Es que no es capaz ni desea hacerlo? Entonces, ¿por qué llamarlo Dios?

Cuatrilema de Epicuro

¿DÓNDE ESTÁ EL DILEMA?

La discusión sobre el mal no es nueva, ha cruzado por la mente de todos los pensadores, tanto ateos como creyentes. Unos buscando negar la existencia de Dios y otros buscando afirmarla. Y en ese proceso de siglos, filósofos y teólogos han desarrollado argumentos para discutir el problema del mal.

Si asumimos el reto de entender el dilema, el debate gira alrededor de estas ideas respecto del mal existente:

- Dios quiere acabar o detener el mal, pero no puede. Por lo que sería un Dios débil.

- Dios sí puede acabar o detener el mal, pero no quiere. Por lo que no sería bueno.

- Dios no quiere y no puede acabar con el mal, por lo que sería malo y débil.

- Dios quiere y puede acabar con el mal. Si es así, ¿por qué vemos el mal a nuestro alrededor?

El mal es evidente, y de seguro más de una vez nos hemos cuestionado el porqué de su existencia. Muchas veces me han preguntado sobre el origen del mal, y mi respuesta bíblica siempre ha sido que nació en el corazón de un ángel, Lucifer. Pero claro, esa es una respuesta incompleta que no satisface completamente la duda respecto de por qué Dios lo ha permitido. ¿Es que Dios es malo? ¿Es que no le importamos? ¿Es que no es tan bueno como dice que es? ¿Es que es un Dios a quien le gusta vernos sufrir? Y si Dios sabía que el mal iba a surgir en el corazón de aquel ángel, entonces, ¿por qué lo creó? ¿Dios creó el mal? ¿Dios es bueno, pero también es malo?

En primer lugar, necesitamos definir lo que llamamos "el mal". Hay males circunstanciales y males provocados. Una enfermedad grave, por ejemplo, un accidente, un desastre natural, son males circunstanciales que están allí aparentemente sin ser provocados por nadie. Otros son los males ocasionados por nosotros mismos, como la injusticia social, la guerra, el hambre, la devastación de la naturaleza.

Si nos vamos por la línea de los males provocados por el hombre, el responsable es el mismo ser humano. Es obvio. Somos nosotros los que nos hemos provocado toda clase de males, y lo seguimos haciendo. Pero, si es así, entonces Dios lo permitió ofreciendo al ser humano el libre albedrío, aunque sabía que el hombre terminaría provocando esta clase de males al mundo. Eso, de inmediato, lo convierte en un Dios malo o incapaz de controlar las cosas a su alrededor.

Del lado de los males circunstanciales, aparentemente no podemos asignar otro responsable directo que no sea Dios mismo. Así que la cuenta sigue cayendo sobre aquel que, se supone, tiene el control sobre todas las cosas, Dios. En los labios del creyente se repiten de forma constante las frases: Dios tiene el control, a Dios nada se le escapa, es la voluntad de Dios y cosas similares. Y claro, para un creyente son frases comunes y comprensibles, pero para alguien que debate las ideas de la fe, son opiniones ilógicas que asignan a Dios como culpable de todo o como inexistente. Un Dios malo o un Dios irreal.

Sin embargo, meditándolo mejor, sería imposible haber recibido el libre albedrío y aun así ser obligados a usar esa libertad siempre desde una actitud moralmente correcta. Entonces no sería libertad. Si bien Dios nos ha creado con la capacidad de decidir entre lo bueno y lo malo, somos nosotros quienes decidimos ir por un lado o por otro. El mal, entonces, está dentro de nosotros por consecuencia lógica. Y si el mal yace dentro del ser humano, ¿por qué Dios permitió todo esto?

En este punto, vale la pena analizar la consciencia que tenemos sobre el mal.

Cuando era pequeño, caminábamos con mis padres por una feria. Yo tendría unos cinco años y estaba fascinado por el esplendor del lugar. Había puestos de comida que despedían toda clase de olores agradables, dulces y salados. También había mesas de vendedores de baratijas. Silbatos, globos, pequeños juguetes artesanales y cosas similares. Recuerdo que miraba a otros niños pasar con globos inflados y yo quise tener uno de esos. Cuando pasé junto a una de las mesas de venta, miré los globos, desinflados y coloridos esperando que alguien los comprase. Yo, me acerqué con cuidado, estiré mi nerviosa mano sudorosa y tomé uno de esos, guardándolo de inmediato en mi bolsillo.

¿Estaba mal? Sí. Claro que lo sabía. No sé quién me enseñó que estaba mal, yo supongo que mis padres. Pero yo no pensé en eso. Solo quería el globo. Al segundo siguiente me descubrieron y tuve que devolver el globo avergonzado. Fue una sensación horrible.

¿De dónde tenemos el concepto de lo malo y lo bueno?

C.S. Lewis lo dijo de esta manera en su libro Mero Cristianismo:

"Mi argumento contra Dios era que el universo parecía tan cruel e injusto. Pero, ¿de dónde había sacado yo esta idea de justo e injusto? Uno no considera una línea torcida, a no ser que tenga alguna noción de una línea recta".

En ese mismo libro, Lewis menciona esta ley natural que todos los seres humanos podemos percibir y que nos ayuda a discernir entre lo bueno y lo malo. Eso que nos hace decir, según Lewis, que para todos los humanos es bueno ayudar a otros y es malo el egoísmo. Nadie podría decirte lo contrario. Parafraseando sus palabras, nadie admiraría a un soldado por huir en medio de la guerra, y nadie felicitaría al otro por robar algo que no le pertenece.

Algunos dirán que la Biblia se ha encargado de forjar en la humanidad la idea de lo malo. Pero la distinción de la maldad es algo anterior a la Biblia. Nace con el ser humano. En el fondo, cada uno de nosotros sabemos que algo no está bien. Dios colocó dentro de nosotros una especie de sensor que se enciende si nos estamos desviando de la línea moral que Él ha trazado, no desde la ley escrita, sino desde la ley natural que rige para todos los que nos llamamos humanos.

Y con toda esa delicadeza para crearnos con la capacidad de discernir entre lo bueno y lo malo, ¿no era mejor que lo malo sea eliminado de la tesis para quedarnos solo con lo bueno? ¿Y qué del mal que de por sí existe en la naturaleza sin necesidad o intervención del ser humano?

Por ahí aparece también la corriente naturalista, que afirma que el mal es el resultado lógico de los procesos de la naturaleza, y que el ser humano está contado dentro de esa misma creación, por lo que simplemente somos un producto de las circunstancias malvadas en la que el universo funciona. Desde esta perspectiva, los genocidios, las guerras y demás atrocidades provocadas por el hombre solo serían una consecuencia natural más de vivir en este mundo.

Deben existir mejores respuestas que eso. ¿Álex?

Sí existen. Algunos ejemplos: "El problema del dolor" y "Una pena en observación" de C. S. Lewis son dos perspectivas acerca del problema del mal, una más intelectual y otra más emocional, ambas grandiosas. Por otro lado, si lo que quieres es la parte técnica, uno de los filósofos más importantes de la actualidad, Alvin Plantinga, ha resuelto este problema (parece que definitivamente) en su libro "Dios, la libertad y el mal".
El mal es la ausencia de bien, como la oscuridad es la ausencia de luz, o el frío es la ausencia de calor; es la posibilidad de elegir, es el precio de la libertad humana…

ARTE, CIENCIA Y CULTURA POP

"Crimen y Castigo" fue uno de los primeros libros que leí en el colegio por voluntad propia y no porque debía entregar un informe de lectura. Raskólnikov no era malo, pero era un asesino. Hizo lo malo. Entonces, creo que sí era malo. Aunque su crimen lo cometió por su situación de pobreza. Y, ¿qué culpa tenía de haber nacido pobre? Parecería que las circunstancias difíciles de una persona pueden llevarle a hacer lo malo, aunque su moral le prevenga de hacerlo. La maldad, supongo, estaba en su cabeza, en su interior, en sus venas. Simplemente salió.

Dostoievski también toca el problema del mal en su libro "Los hermanos Karamazov", haciendo un énfasis en este dilema, poniendo en duda las ideas sobre Dios, pero, sobre todo, cuestionando por qué los niños, siendo inocentes, han tenido que experimentar en carne propia la maldad del mundo.

"... si todos hemos de sufrir para comprar con nuestro sufrimiento la eterna armonía. ¿Qué tienen que ver con ello los niños? ¿Puedes explicármelo, por ventura? Es totalmente incomprensible por qué han de sufrir ellos también y por qué han de contribuir con sus sufrimientos al logro de la armonía". (Fedor Dostoievski – *Los Hermanos Karamazov*)

Considerando que Dios ama a los niños, y así lo expresó Jesús varias veces, definitivamente no es posible que Dios haya planificado el sufrimiento de ellos, y tampoco de ningún ser humano, por cuanto nos ama a todos con amor inigualable y eterno.

De todas maneras, la idea del mal está allí, latente; me genera impotencia cuando pienso en el genocidio de los judíos por parte de la Alemania Nazi. Todavía se me eriza la piel solo de pensar en aquella escena icónica de "La Lista de Schindler", donde Oscar Schindler, protagonizado por Liam Neeson, contempla desde su caballo a la niña del vestido rojo que se paseaba aturdida en medio de una grosera matanza en Cracovia. Si una película puede llevar tu imaginación a lo más denso de una situación, no imagino el dolor que significó para el pueblo judío vivir semejante injusticia en carne propia.

El mal está presente en el mundo. Estuvo antes, está hoy y estará mañana. Y constantemente se envían mensajes subliminales en la cultura que nos inclinan por uno u otro sistema de creencias.

Acaso lo bueno y lo malo son dos fuerzas cósmicas similares que chocan entre sí. A veces gana una y otras veces la otra. Así como a veces el héroe disipa la maldad y otras el villano saca ventaja.

¿Será que George Lucas tenía razón cuando nos presentó "la fuerza", con su lado oscuro y su lado claro? Como si la oscuridad y la luz estuvieran en una constante batalla estelar, y uno va decidiendo hacia qué lado se inclina. El mensaje final de Star Wars respecto del mal podría ser que cuando muchas cosas malas te suceden, es más probable que te inclines hacia el lado oscuro. Pero Luke Skywalker pudo vencer el lado oscuro de la fuerza, a pesar de haber perdido a sus padres, de saberse hijo de Darth Vader y de haber experimentado la caída de la Resistencia una y otra vez. ¡Cuán fuerte puede llegar a ser el lado oscuro!

También está la idea del karma. Y no, no creo en el karma. Y aun así, cuando algo injusto sucede, desde el fondo de mi alma surgen esos deseos animales de que el karma se haga cargo de las cosas que yo no puedo. Que aparezca alguna clase de justicia poética que ponga en equilibrio la balanza entre lo bueno y lo malo, y me permita ver una desgracia sucediéndole al que me hizo mal, y así yo recibiría mi bien. Porque el mal indigna, estorba la paz, arrebata la consciencia y encoleriza el corazón.

De hecho, algunos dirían que la justicia del karma parece ser más justa que la justicia de Dios. No es fácil para un creyente hablar sobre la justicia divina representando a Dios como un ser amoroso pero que decide permanecer en silencio ante los males del mundo. Aunque sabemos que Dios no es así, lo que está en el pensamiento de la gente es justamente eso.

¿Cómo podemos responder de forma sabia ante aseveraciones como esas?

Basta con abrir un poco los ojos para darse cuenta de lo que el mundo piensa. De hecho, una de las mejores balanzas para medir los criterios de la sociedad es el arte. La manifestación de la maldad por medio del arte es indudablemente la mejor prueba de la condición en la que la humanidad se encuentra.

En el año 1974, en la ciudad de Nápoles, la artista serbia Marina Abramovic realizó una exposición de arte conceptual siendo ella misma la protagonista. La instrucción de la artista fue la siguiente: hay setenta y dos objetos en esta mesa; la audiencia puede utilizar en mi cuerpo cualquiera de esos objetos. Yo soy el objeto, dijo. Y se hizo responsable por todo lo que pudiera ocurrir durante las seis horas que duraría la exposición. En un inicio, la gente usó cosas como una rosa o una pluma, pero al pasar las horas, la audiencia perdió los estribos. Unos rasgaron sus ropas, alguien le puso una pistola cerca de su rostro, la lastimaron y agredieron de diversas formas mientras ella permanecía inmóvil como había prometido al inicio. Dura secuela enfrentó la artista luego de semejante experiencia, que no hizo más que demostrar la maldad de los seres humanos si se les puede proveer del arma o utensilio adecuado. Marina fue ganadora del premio Princesa de Asturias de las Artes 2021, destacando su valentía y entrega en favor del arte.

Nuestra tendencia a cosificar es terrible; el ser humano es un fin, y lo convertimos en un medio. El mal también es tener las prioridades equivocadas.

¿Habrá una esperanza para el ser humano que piensa y cree así? ¿Podremos cambiar?

Los más ingenuos creemos que la vida de una persona malvada puede cambiar con tan solo un choque de realidad. Otro sería el mundo si a todos se nos diera la oportunidad que tuvo Ebenezer Scrooge, si con la visita de los fantasmas de la Navidad presente, las pasadas y las futuras, nos diera por ser realmente buenos por el resto de nuestra existencia. Algunos autores como Oscar Wilde y Virginia Woolf han llegado a tachar a Dickens de pueril y sentimentalista. Parece que, para algunos, la maldad es más fuerte y la esperanza inexistente.

Y tú, ¿qué dices?

El problema del mal, arraigado en el corazón humano, ha sido motor de la reflexión filosófica y artística en todas las épocas, y lo seguirá siendo. Es, sin duda, la gran pregunta.

DIMENSIÓN ESPIRITUAL

"Un verdadero cristiano no debe ser malvado ni siquiera con los malvados, no debe ser injusto ni siquiera con los injustos, no debe ser cruel ni siquiera con los crueles, sino que debe ser, con el tentador del mal, un tentador del bien". (Giovanni Papini)

Vamos a dejar algo en claro. La Biblia, desde el inicio, da por sentada la existencia de Dios. No la discute ni la pone en duda. Pero hace lo mismo con la maldad. Según la Biblia, la maldad existe y se manifiesta de diferentes formas en el mundo. También habla continuamente sobre la batalla que existe diariamente contra la maldad, y como parte de esa batalla, cada uno de nosotros necesita ser purificado y perfeccionado.

"Muchos serán purificados mediante el paso por grandes pruebas y persecuciones. Pero los malos continuarán en su maldad y ninguno de ellos entrará en razón. Sólo aquellos que son sabios entenderán lo que todo esto significa". (Daniel 12:10)

Mientras estemos en este mundo, pueden ocurrir dos cosas, la degeneración o la regeneración. La degeneración es un principio natural mediante el cual todas las cosas se van corrompiendo, dañando, pudriendo. Tal como sucede con una fruta que no se come a tiempo y se descompone para convertirse en compostaje. Pero al mismo tiempo, está el proceso de regeneración, por medio del cual nuestras células muertas van siendo reemplazadas por otras nuevas.

Todo esto tiene su paralelo en lo espiritual. Por dentro, en el alma, nos vamos corrompiendo. El corazón del ser humano ser va dañando, endureciendo y cada vez le importarán menos los valores universales. El hombre se vuelve malo. Pero Cristo nos otorga la oportunidad de ser renovados y romper el ciclo de la corrupción.

La espiritualidad sana rompe la tendencia natural a la corrupción y nos renueva a la verdadera forma que Dios había planeado para nosotros.

"Por eso, nunca nos damos por vencidos. Aunque este cuerpo nuestro se va desgastando, por dentro nos renovamos cada vez más". (2 Corintios 4:16)

Entonces, el mundo se está corrompiendo, y no debería sorprendernos. La maldad se multiplica y el amor se enfría.

¿Dios tiene la culpa de eso?

No, la maldad es una decisión humana. Es inevitable, mientras te mantengas lejos de Cristo, pero cuanto más te acercas a Aquel cuya esencia es bondad y pureza, mayor es la oportunidad de ser renovado.

Dios creó todas las cosas y todo era bueno. Es bueno. Pero es finito, corruptible, maleable. Todo se puede torcer. De hecho, la palabra hebrea en el Antiguo Testamento que se traduce como maldad es *avon* que quiere decir iniquidad. Y esa palabra iniquidad es extraña, pero la podemos entender como "lo torcido". Tener maldad es torcerse del propósito, alejarse del diseño, perderse, corromperse, desviarse. Eso fue lo que hizo Eva al tomar el camino de la desobediencia; se desvió, se llenó de maldad (*avon*), se hizo inicua, torció el camino y eligió su propia senda.

"Mira, yo he puesto en este día delante de ti la vida y la muerte; todo depende de tu obediencia o de tu desobediencia". (Deuteronomio 30:15)

Elegir lo malo es parte de nuestra libertad como seres humanos. ¡Es cierto! La elegimos o la desechamos. Todos tenemos un área débil, esa porción de uno mismo que tiende a desviarse, a torcerse, a hacerse al maligno. Por eso es que hay gran sabiduría en acercarse a Dios, en mantenerse fiel a Él y ser obediente a su instrucción.

Como se dijo en el versículo al inicio de esta sección, solo los sabios entenderán lo que esto significa. Sin sabiduría uno se vuelve malo. Y no hay sabiduría sin Dios.

"Si somos libres, el mal tiene que ser una opción para nosotros, y esto nos confiere responsabilidad delante de Dios, las demás personas y la naturaleza. No estoy diciendo que el mal sea algo bueno. No lo es. Pero nos proporciona el entendimiento imprescindible que nos hace humanos". (Antonio Cruz – *Introducción a la Apologética Cristiana*)

Ya el Nuevo Testamento nos propone versículos con los que nos confronta con esta tendencia a hacer lo malo, y nos insta a esforzarnos, a mantenernos buenos, santos, apartados de la maldad, aunque viviendo en un mundo de maldad.

"Asegúrense de que ninguno pague mal por mal. Al contrario, procuren siempre hacer el bien, no sólo entre ustedes sino también a todos los demás". (1 Tesalonicenses 5:15)

"No te dejes, pues, vencer por el mal, sino vence el mal haciendo el bien". (Romanos 12:21)

"No finjan amar; amen de veras. Aborrezcan lo malo; pónganse de parte del bien". (Romanos 12:9)

Pero más allá de los esfuerzos humanos por hacer el bien y no desviarse del camino trazado por Dios, de su consejo y la instrucción de su Palabra, está Jesús, Emanuel, Dios con nosotros, quien cambió con su sacrificio el destino de la humanidad para que no tuviera que vivir eternamente arrastrando el estigma de la maldad como una cadena irrompible que nos ataba a una condición de perdición.

"Él se entregó a la muerte por nosotros para poder rescatarnos de todas nuestras iniquidades y convertirnos en un pueblo que fuera suyo, dedicado a hacer el bien". (Tito 2:14)

La muerte de Jesús rasgó las tinieblas y la maldad. Jesús recibió en su propio cuerpo el peso de la maldad del mundo entero, de todos los hombres y mujeres que alguna vez pisaron esta tierra en el pasado y los que lo harán en el futuro. Marcó una línea que nos aparta de la maldad por medio de la fe. Antes de su muerte eso era imposible. Por eso murió, para que la iniquidad, lo malo, lo torcido, no nos alcance. Sufrió la muerte para que nosotros no tengamos que sufrirla a causa de nuestra maldad. Pero su obra no se quedó allí. También resucitó.

"La resurrección de Cristo puso de manifiesto que recuperó un cuerpo físico, visible para los discípulos, que era glorificado, y no se hallaba sometido al poder del mal. Ni la muerte, ni la enfermedad, ni cualquier tipo de corrupción podían ya afectarle".

(Antonio Cruz – *Introducción a la Apologética Cristiana*)

La maldad es evidente en el mundo entero. Es el desagradable fruto de habernos separado de Dios. Pero la resurrección de Jesús nos pone nuevamente en el camino. Nos abre una senda en dirección al Padre Eterno. Llegará el día en que no tengamos que lamentarnos por la maldad del mundo, porque que la maldad será reducida a la nada. La resurrección nos trae la esperanza de redención de que, a pesar de haber cometido los peores males, podremos llegar a ser transformados en algo bueno, gracias a que Aquel que es el único bueno decidió cargar sobre sí mismo la maldad del mundo y quebrantar su poder.

Y mientras ese día llega, debemos hacer dos cosas: aferrarnos a lo bueno y aborrecer lo malo. Eso es amor, el amor que Dios propone.

> **Dios es la única fuente de bien, de sabiduría, vida, placer, inteligencia, de todo el universo ¡y más allá! Decirle "no" a Dios es decirle "no" al bien, a la sabiduría, a la vida, etc. Y eso implica decirle "sí" al mal, a la necedad, la muerte, el dolor… es un tema altamente complejo, pero como seres humanos es inevitable pensar en ello y profundizar en cómo Dios, a pesar de nuestra negativa, sigue empeñado en salvarnos, en amarnos, rescatarnos y hacernos capaces de disfrutar y de experimentar el bien con él.**

DIÁLOGOS

Hablar sobre el problema del mal de seguro traerá conflictos que quedan sin resolver. Cuando manejas grupos para tocar estos temas, considera que se puede causar revuelo. Recuerda a tu grupo que no estamos intentando tapar el sol con un dedo, ni que podremos resolver el problema del mal de una sola vez. Sin embargo, el diálogo será útil para tomar una postura al respecto, y también para ver el mundo de otra manera.

Usa las siguientes preguntas para provocar el diálogo y para incentivar la interacción del grupo:

¿De dónde nació el mal, o cuál es su origen?

¿Dios tiene la culpa de la maldad del mundo?

¿Es Dios capaz de controlar la maldad?

¿Dios quiere controlar la maldad del mundo?

¿Qué fue lo que Dios hizo para tratar con la maldad?

¿Qué harás tú de ahora en adelante contra la maldad y la injusticia del mundo?

¿Qué harás frente a tu propia maldad?

¿Cuál es esa área débil que usualmente te hace torce el camino o desviarte?

Ten en cuenta que:

No todos están preparados para compartir cosas personales. No los fuerces. Pero si surge de manera natural y el grupo está listo para manejar con madurez este tema, hazlo.

No olvides darle las gracias a quien abre su corazón. Reconoce su valentía y dale aliento.

POSTULADO 9

Dios está muerto y la cultura poscristiana

"En honor a la verdad, la personalidad de Jesucristo ha hecho tal impacto en la humanidad que después de 2000 años, el impacto no ha menguado. Cada día hay personas que tienen experiencias revolucionarias con Jesús".

Josh McDowell – *Evidencia que Exige un Veredicto*

Dejamos para el final a Friedrich Nietzsche. Debo confesar que tuve que regresar la página varias veces para no equivocarme al escribir su nombre. El trabajo de este filósofo alemán afectó el arte, la filosofía, la historia y las letras. Fue seguido por psicólogos, antropólogos, historiadores, poetas, novelistas y sociólogos. Famoso entre los ateos, peligroso entre los cristianos.

¿Por qué?

Entre otras cosas, porque hizo popular la frase "Dios ha muerto". Ya antes la había dicho Hegel en "Fenomenología del espíritu" y Dostoievski en "Los hermanos Karamazov", pero Nietzsche la hizo viral, al punto de convertirla en un meme repetido por generaciones, desde los maestros hasta los estudiantes de todas las ciencias y las artes.

Y con aquella frase, una sentencia. Matar a Dios, más que una idea revolucionaria de un loco avezado, significa sacudir los cimientos de la existencia humana, los valores, la moral, la vida misma.

En otras palabras, hemos acabado con el absoluto.

Fue uno de esos casos clásicos de un hijo de pastor que se aleja de la fe. Estudió teología por un semestre, pero la abandonó para ir tras la filosofía de lleno. Y aunque terminó su vida con un diagnóstico de demencia, no podemos dejar de considerar la espina que nos clavó directamente en la coyuntura, justo en el lugar que el mundo necesitaba para alejarse de la idea de Dios.

No que fuera la intención malévola del filósofo acabar con la fe y la religión. Más bien lo que hacía con la famosa historia de la muerte de Dios era dar un dictamen de lo que, a su juicio, consideraba que ya la sociedad había logrado. Y de hecho se puso entre los culpables.

"¡Dios ha muerto! ... ¡Y nosotros le dimos muerte! ¡Cómo consolarnos nosotros, asesinos entre los asesinos! Lo más sagrado, lo más poderoso que había hasta ahora en el mundo ha teñido con su sangre nuestro cuchillo. ¿Quién borrará esa mancha de sangre? ¿Qué agua servirá para purificarnos?". (Friedrich Nietzsche – *La Gaya Ciencia*)

Sí, la sociedad debía lamentarse por este hecho, pero eso apenas era lo lógico. Nietzsche estaba pensando en el fin de una era en la que había dominado la religión, y la reflexión sobre la muerte de Dios era el pretexto para enterrar todo lo que tuviera aroma a divino para darle paso a la era en que la ciencia regiría al fin en todo el universo como siempre debió haber sido.

Nietzsche no hablaba de una idea general de Dios, ni de todos los dioses de las culturas. Se refería específicamente al Dios de la Biblia, al Dios de los cristianos.

Vaya habilidad para ganarse el odio de los creyentes sin planearlo.

La reflexión de Nietzsche fue honesta; con "la muerte de Dios" el siglo XX se convirtió en la época más atroz de la historia humana. El intento del superhombre nos ha deshumanizado.

¿DÓNDE ESTÁ EL DILEMA?

Estamos hablando de un acontecimiento catastrófico para el mundo. La cultura cristiana con todo su bagaje e historia, con esta declaración, se rompe de un solo tajo. Y con eso, toda la estructura moral y religiosa que ha venido construyendo por siglos se ve ahora sin su cimiento principal, sin la piedra angular. A partir de ese día, ¿cómo podría saberse lo verdadero y lo falso? ¿En qué, entonces, creería la humanidad si la doctrina cristiana pasa de ser protagonista a ser apenas un extra innecesario?

A partir de esa frase, sería difícil para la sociedad tomar en serio a Dios, tomando en cuenta la duda sobre su veracidad, pues el hecho de haber muerto no implica que terminó su vida, sino que jamás existió. Nietzsche se convertiría desde entonces en un precursor del ateísmo, no como una filosofía más, sino como un mar que avanzaría imparable.

¿Con qué criterio juzgaría el hombre desde ahora lo bueno y lo malo?

Ese es el grave despunte del nihilismo, una forma de virus filosófico irrefrenable que se contagiaría a toda la humanidad, dándole al cristianismo y a toda forma de búsqueda de Dios una fecha de caducidad. Si Dios había muerto, qué sentido tendría buscarle; no hallaríamos a nadie.

Era el tiempo para el surgimiento del *Übermensch* o superhombre del que hablaba Álex más arriba. Aquel que lograse superar la idea de Dios y pudiera enfrentar al mundo sin necesidad de una fe, sería el nuevo modelo a seguir. Ya no habría necesidad de la espiritualidad, ni de la fe, ni, sobre todo, de la iglesia.

"La iglesia, contesté, es una especie de gobierno; la más mentirosa para ser preciso".
(Friedrich Nietzcshe – *Así Habló Zaratustra*)

No hace falta pensarlo mucho. Para la gente de fe, las frases de Nietzsche son como una bofetada, un pisotón, un portazo en la cara, un jab de izquierda directo al mentón. Gran parte del mundo, gracias a Nietzsche, recibió la carta de emancipación que estaba esperando. Al fin alguien se atrevía a decir, a viva voz, lo que muchos pensaban respecto del cristianismo.

Y es que la historia de la religión cristiana tiene demasiados desaciertos imposibles de ocultar o de justificar. Se embarró tanto en el lodo de la prepotencia que olvidó su función redentora para volverse una influencia destructiva sobre las naciones, ocultando sus intenciones detrás de rituales obligatorios inculcados desde la niñez para que ninguna persona, ninguna familia, se alejara de aquella doctrina por obligación o por miedo. Olvidaron el amor.

Y eso produjo un resquemor en varias generaciones que decidían cerrarle la puerta a la idea de Dios.

Con todo, el Padre Eterno, en su sola gracia, ha venido restaurando de a poco su verdadera imagen entre los hombres. Fueron necesarias muchas reformas, y serán necesarias otras más, para poder reestablecer la confianza que la espiritualidad cristiana merece. Hay aún un largo trecho por recorrer, con enemigos acérrimos como el ateísmo o el agnosticismo, que ponen muros infranqueables en el corazón de una sociedad ingenua y fácil de manipular.

Yo tenía catorce años cuando uno de mis mejores amigos me soltó una frase. Él sabía que yo me había criado en una escuela y colegio católicos, y la verdad nunca nos habíamos topado con el tema de la religión hasta que un día me lo dijo: "Yo soy agnóstico". Mi acercamiento a Jesús fue a los 22 años, y claro, cuando uno es tocado por ese amor irresistible, quiere gritarlo a los cuatro vientos con el anhelo que todos los que conoces tengan una experiencia similar. Y pensé en mi amigo. Pero no pude contarle de Jesús. No supe qué decirle. Para él, Dios casi había muerto. No sé qué es peor, la oposición del ateísmo o la indiferencia del agnosticismo.

"Esta acusación eterna la quiero escribir en todas las paredes; yo tengo un alfabeto aun para los ciegos... Llamo al cristianismo la gran maldición, la gran corrupción soterrada, el gran instinto de la venganza para el cual ningún medio es bastante pérfido, furtivo, subrepticio y mezquino; lo llamo, en resumen, la mancha inmortal de la humanidad". (Friedrich Nietzsche – *El Anticristo, Maldición sobre el Cristianismo*)

Alguien que escribe de esta manera, deja en evidencia no solo su pensamiento, sino las heridas de su alma, sus frustraciones, sus quejas. Más que críticas a una religión o a un ser divino, son explosiones de rabia contra un sistema que dejó de ser, para él, un elemento positivo dentro de la cultura. Con ese criterio, era mejor matar a Dios.

> Tomé la disciplina de escuchar el audiolibro de "El anticristo". Me llevé esa misma impresión. No es tanto una serie de ideas lógicas contra el cristianismo sino unas declaraciones viscerales que venían del dolor. Detrás del filósofo también había una persona que lloraba. Y quizá así también lo veía Dios.

Claro, Dios muere cuando deja de ser relevante. Cuando no hay motivos reales para que sea parte de la vida de una persona, de su conjunto de creencias, de sus hábitos. Dios muere cuando sus testigos, nosotros, no sabemos cómo ser sus embajadores y terminamos siendo los capataces que controlan el trabajo de los esclavos.

Cuántos de nosotros, con nuestro estilo de vida, creamos más ateos y agnósticos porque no podemos demostrar la relevancia de Dios, cuando lo reducimos a un montón de tradiciones, de doctrinas, de rituales incomprensibles para muchos. Cuando nuestro testimonio dista de la realidad de Jesús. Cuando, en lugar de manifestar el amor de Dios por el cual seríamos, según la Biblia, conocidos por todas las naciones, lo único que ven es una intención separatista y subversiva llena de intereses de poder, o de dinero, o de razón. Más de una vez me he encontrado en "peleas santas" entre hijos de Dios que no pueden aceptar la experiencia del otro, juzgándola de incorrecta o hereje. Con esa actitud, no estamos muy lejos de Nietzsche, muy cerca de decir: Dios ha muerto, y nosotros lo matamos.

> Gracias a Dios, él es un experto en resucitar.

¡AMÉN!

La afirmación de Nietzsche nos hace entrar en una era diferente. A pesar de haber vivido a finales del siglo XIX e inicios del siglo XX, sus escritos fueron sentando las bases para lo que hoy se proyecta como el mundo poscristiano.

En 1961, el teólogo armenio Gabriel Vahanian escribió un libro titulado "La muerte de Dios" con la connotación del proceso de descristianización que va teniendo el mundo poco a poco. La secularización de la educación, el avance de la ciencia, la incapacidad de la iglesia para atender problemas sociales, entre otros factores, ha decantado en la idea de que, como sociedad, hemos superado la religión como si se tratase de un mal endémico del que sufrimos por muchos siglos y afirmando que es necesario pasar a la siguiente etapa sociocultural.

Piénsalo. El evangelio nació en Medio Oriente, donde Jesús estuvo, allí, donde nació la gran comisión. El apóstol Pablo se encargó de promover el evangelio en toda la cuenca del Mar Mediterráneo y luego en gran parte del continente europeo. Más tarde el evangelio avanzó hacia el continente asiático y africano, dejando para el final al continente americano, que fue evangelizado al mismo tiempo que descubierto y conquistado por Europa. Quedó pendiente lo que se conoce como la ventana 10/40, que corresponde a las naciones musulmanas que se encuentran en las latitudes 10° norte y 40° sur.

El proceso degenerativo empezó justo donde inició. Europa, el continente que vio la mayor fuerza del evangelio desde sus inicios, fue el lugar donde primero se apagó. Y, a pesar de haber sido la cuna de la reforma protestante en el siglo XVI y del famoso avivamiento de Gales con Evan Roberts a inicios del siglo XX, se convirtió, demasiado pronto, en el lugar que entregó los edificios creados inicialmente como templos, para ser usados como discotecas, bibliotecas o museos, gracias a que la gente dejó de visitarlos con un propósito espiritual.

Este tema me toca de manera personal. Europa fue el primer continente en ser cristianizado, y ha sido el primero en ser descristianizado. Oramos y trabajamos para que sea el primero en ser recristianizado.

Se dice que ese proceso será similar en el resto del mundo, donde la fe va perdiendo su espacio y el humanismo se va convirtiendo en el pilar fundamental de los criterios del mundo moderno en todas las esferas de la sociedad.

Vale la pena hoy en día pensar en la forma en que vamos a cambiar esta realidad. O bien reavivamos el fuego del evangelio como Jesús nos comisionó, o veremos llegar la muerte de Dios también a América; no una muerte real, lo sabemos, sino una muerte filosófica, una muerte social, un deceso cultural. No será el fallecimiento de una religión sino de la oportunidad de salvación para el mundo entero, y con eso también desaparecerá el único plan que Dios tiene para salvar al mundo, la Iglesia.

ARTE, CIENCIA Y CULTURA POP

¿Has escuchado sobre la CERN?

El Colisionador de Hadrones es un acelerador de partículas construido por la Organización Europea para la Investigación Nuclear (CERN). Se encuentra debajo de la frontera entre Francia y Suiza, cerca Ginebra, a una profundidad de 175 metros bajo tierra. Se propusieron responder a preguntas elementales de la física, las partículas elementales, la estructura profunda del espacio y del tiempo y demás cosas de las que la gran mayoría de las personas no sabemos mucho. Pero llamó mi atención su investigación sobre el bosón de Higgs, que es una partícula fundamental a la que se le atribuye la capacidad de hacer que las cosas sucedan, es decir, provoca la interacción entre partículas haciendo que se produzca masa en el lugar donde antes había solo vacío. Es por eso que han llamado al bosón de Higgs "la partícula de Dios". Ese diminuto bosón podría explicar la creación a partir de la nada. Y el Colisionador de Hadrones se usó para esta investigación.

¿Recuerdas cómo empieza la Biblia?

Bereshit Bará Elohim...

En el principio Dios creó...

Ese verbo *"Bará"* significa "crear a partir de nada".

Eso es justamente lo que los científicos quieren explicar para no tener que recurrir a Dios, quizás sin intención de hacerlo, pero muchos de seguro usarán esa información para explicar la creación del universo sin necesidad de Dios. Es obvio que los científicos que tengan convicciones espirituales tomarán la posición de decir que Dios fue tan sabio al momento de crear que imaginó esta partícula fundamental para hacer que las cosas sucedan. Me encanta ver a Dios

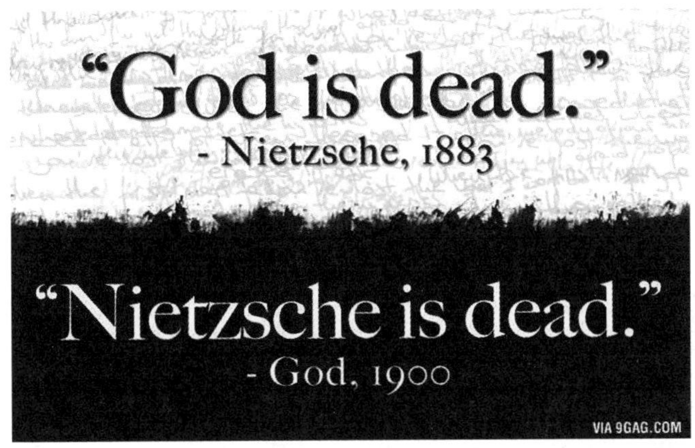

como un ser infinita y supremamente inteligente. El bosón de Higgs no sería la partícula que reemplaza a Dios, sino la partícula que Dios implantó en el mundo para crearlo todo.

Se ha dicho varias veces en este libro. La ciencia y la fe no son distantes, pueden ser amigas porque una explica a la otra y viceversa. Pero hay quienes buscan con todas sus fuerzas demostrar que la fe no existe y que la ciencia gobierna todo. No faltarán los que digan que el hombre es capaz de recrear la creación.

En la película Ángeles y Demonios, la tercera de la saga de libros escritos por Dan Brown, se hace referencia justamente al trabajo del Colisionador de Hadrones en los laboratorios de la CERN manipulando un bosón de Higgs para la creación de antimateria. Aunque sabemos que la narrativa de esta obra es ficción pura, como todo arte es un reflejo de la realidad y del pensamiento popular. La búsqueda incesante por demostrar que Dios no existe y que la historia de Jesús es ficción.

Conocí a un profesor creyente en Dios; al menos de lejos parecía un buen católico practicante, criado en una escuela y colegio católicos, y hasta la carrera universitaria la cursó en la Universidad Católica. Daba clases en esa misma universidad. Estuve presente en un curso que este profesor dictaba sobre narrativa literaria y en un momento de su clase habló de la Biblia y su narrativa. Fue un duro golpe cuando, en esa explicación dijo: "como ustedes saben, el mito judeo cristiano del salvador es a lo que apunta toda la Biblia". La frase me quedó grabada.

¿Cómo era posible que alguien que yo sabía era creyente practicante, enseñaba sobre Jesús como un mito?

Así lo enseñaba, a pesar de practicar los requisitos básicos de su religión. Aunque suene incoherente, es real. La sociedad en el fondo probablemente piensa esto acerca de Dios, de Jesús y de la Biblia, y la mayoría asume el relato que para nosotros es real como un mito, una leyenda, una serie de alegorías de las cuales es bueno aprender. Es que, para la sociedad, en verdad Dios ha muerto. Aun para los que son creyentes, la idea de un Dios real, vivo y con quien puedes tener una relación personal es imposible de creer. A pesar de eso, son capaces de seguir en las prácticas de la religión que profesan, quizás para saciar su sed interior sin conseguirlo, o para acallar la culpa de su alma y quedar en paz consigo mismos. Sí, para ellos Dios ha muerto.

La película "Dios no está muerto" dirigida por Harold Cronk estrenada en marzo del 2014 fue un filme bastante disfrutable para verla con mi familia. Estuve leyendo algunas críticas y evaluaciones de la película desde diferentes ámbitos y pude observar su poca aceptación por el público en general. Aunque, claro, para el mundo evangélico fue espectacular y con un mensaje poderoso y oportuno, considerando que la mayoría de jóvenes cristianos suelen perder la fe al momento de lidiar con clases universitarias de tendencia humanista. Y es que, claro, la película gira en torno al conflicto de un alumno para no aceptar los argumentos de ateísmo de su profesor de filosofía.

No lo hacemos con intención, pero muchos intentos por edificar al pueblo de Dios suelen alejar más a los que aún no han tenido un encuentro con Él. Eso es algo que debemos repensar al momento de predicar el evangelio. La Iglesia no fue pensada para mantener y edificar a los creyentes solamente, sino para hacer nuevos discípulos en todas las naciones. Quizás si más de nuestros esfuerzos se enfocaran en el evangelismo y el discipulado, estaríamos más cerca del mundo que Dios quiere salvar y no más lejos.

Escuché la canción "Entrevista a Dios" de Alhan (Prod. Marmaster). No es un evangélico, lo vas a notar de inmediato. Pero sus ideas son una crítica interesante digna de analizar. ¿Cómo mira el mundo a Dios? ¿Cómo lo entiende? ¿Qué sucede en su mente cuando un creyente lo aborda con sus ideas? ¿Cómo ven a la iglesia?

Pues bien, si estamos navegando en las aguas de un mundo poscristiano, vale la pena que consideremos nuestras formas de predicar el mensaje de Dios al mundo, y también las de discipular a los que ya son creyentes. Cómo vamos a participar en los procesos educativos para que el mundo reconsidere los valores bíblicos y su enseñanza a las nuevas generaciones. Cómo vamos a tratar con el mundo musulmán, cuya proyección de crecimiento poblacional es alarmante.

Ya no podemos asumir que el mayor porcentaje de la población tiene algún conocimiento de Dios y que, por ende, evangelizar significa solamente hacer que cambien de una religión a otra (puesto que ya creen en Cristo, solo es necesario venir a este lugar en donde "se cree mejor en Cristo"). Hoy por hoy el mundo es más complejo que eso. Tampoco significa lidiar solamente con la idea del ateísmo. La diversidad de formas en que se acepta o niega a Dios o a dioses es demasiado amplia como para darnos el lujo de asumir eso. La iglesia tiene una labor bastante compleja en los años por venir.

Vivimos en un tiempo en el que es necesario reconsiderar cómo le vamos a decir al mundo que Dios no está muerto, que sigue vivo, que es real y que lo conocemos, sin sonar como un grupo de sectarios arrogantes que afirman ser mejores porque saben la verdad, pero que actúan muy diferente de lo que predican.

> **Los retos a los que nos enfrentamos en los discursos en torno a la existencia de Dios en las próximas décadas vienen desde distintos frentes; quizá las artes y la educación sean los más visibles, pero no los únicos. Y obviamente tu teología, sea la que sea, o tu "ateología", afecta a todo lo demás: tu política, tu espiritualidad, tu opinión sobre los valores, la vida, la justicia…**

DIMENSIÓN ESPIRITUAL

Dios murió. Eso es cierto. Dios, en la persona de Jesús, entregó su vida voluntariamente para que nosotros no tengamos que morir. Alrededor de eso gira nuestra fe. Pero sabemos que Jesús no permaneció muerto, Él vive, no como el recuerdo de una persona que ha fallecido y que por amarla tanto decimos que sigue viviendo en nuestros corazones y en nuestros recuerdos. Claro que no. Jesús vive porque resucitó, venció a la muerte y de eso podemos estar seguros. Hay demasiadas pruebas indubitables, de esas que hacen a cualquier ateo volver a considerar la fe.

> **Porque el cristianismo no nace de una reflexión alrededor de ideas bonitas, sino en torno al hecho de la vida, muerte y resurrección de Jesús.**

Me nace la pregunta: ¿podremos ser capaces de demostrar que Dios no está muerto?

C.S. Lewis usaba su famoso trilema con el que lograba demostrar la existencia de Dios y por lo tanto su vigencia.

El trilema de Lewis tiene tres enunciados que algunos suelen resumir en tres palabras: loco, mentiroso o Señor.

1. Loco o lunático. Jesús no era Dios, pero creía que lo era.

2. Mentiroso. Jesús no era Dios y lo sabía.

3. Señor. Jesús es Dios.

Miremos este mapa de posibilidades:

Según Lewis, tendrías solamente dos opciones por escoger. Puedes aceptarle, o puedes rechazarle. Si lo aceptas, entonces Dios no ha muerto. Si no lo aceptas, aunque estaría muerto para ti, sabemos que no ha muerto. Ciertamente sigue vivo.

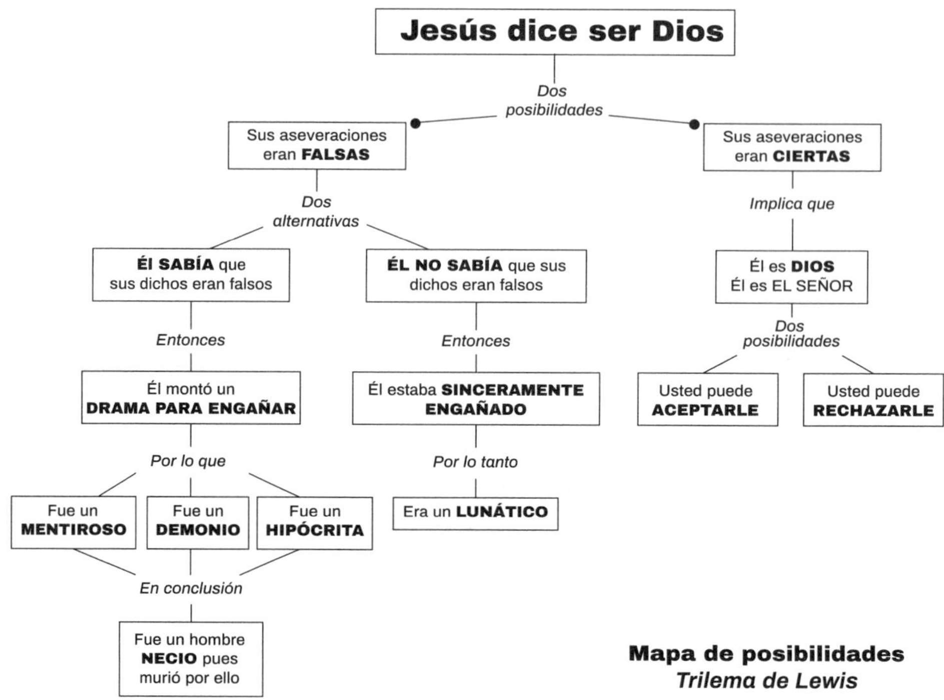

Mapa de posibilidades
Trilema de Lewis

Jesús es un personaje histórico real, pero es más que eso. Es Dios conmigo, Emanuel; es Dios en mi interior y en mi exterior. Me llena y me rodea. Su manifestación está en todo lo que soy, pero también en todo lo que veo, solo porque así lo planeó.

El Jesús de la religión es alguien de quien se puede aprender estudiando lo que hizo y lo que dijo, pero el Jesús real es alguien cuya compañía se disfruta porque se siente, te congela la sangre al mismo tiempo que te calienta el alma. Conversar con Él no es como hablar con la voz interior de uno mismo o con la voz de tu consciencia, porque sus ovejas conocen su voz.

El Jesús real es el que vive en mí, el que me habla. A ese Jesús nadie me lo puede refutar. No es una idea romántica, ni el fruto de una cosmovisión religiosa. Jesús es real para aquel que lo ha podido experimentar. Para aquel que no ha experimentado a Jesús, será como un cuadro, como una imagen, como un ídolo de barro; estaría ciego, sordo, incapaz de hablar. Estaría muerto.

Hay muchos argumentos que hablan de Jesús como una persona que existió realmente, pero, más allá de los argumentos, decidí contarte cómo lo veo, lo siento, lo escucho, lo experimento.

¿Por qué?

Bueno... un ateo, un agnóstico, un humanista, un progresista, todos ellos tienen argumentos suficientes para hablar de aquello en lo que creen, y durante estas páginas hemos considerado diversos argumentos para sustentar la fe y eso está bien y es inteligente. Pero debo insistir en algo. Todo el conocimiento de Dios sin haberlo experimentado es como estudiar biología sin ver un ser vivo para aprender de él. Puedes aprender mucho en los libros, pero jamás será igual que ver la piel, los órganos, los tejidos, los sistemas. Puedes contarle a alguien una película y emocionarte mucho mientras se la cuentas, pero es mejor que la persona la vea y viva la experiencia. No puedes enseñarle a un médico a ser cirujano sin darle un bisturí.

La experiencia es lo que cuenta. En el mundo laboral se valoran los títulos, pero también la experiencia. No puedes ser un futbolista si solo sabes las reglas y todo acerca del fútbol; debes jugar, caerte, levantarte, aprender regates, entrar a la cancha, vencer los nervios, patear al arco y gritar cuando el balón infla las redes. Si quieres ser una bailarina, no es suficiente con saber lo que es un *plié*, un *jeté* o un *rond de jambe*; debes lanzarte a danzar.

Si no estás dispuesto a vivir de cerca a Dios, de nada te sirve saber mucho acerca de Él. Sería mejor que lo dejes morir. Aunque en el fondo no seamos capaces de matar a Dios.

No existe mejor predicación que el testimonio personal. Pueden darse buenas conversaciones con ideas y argumentos poderosos, pero esa discusión puede terminar en que ninguno tiene la razón o en que ambos tienen buenas razones, y nada más que eso. Mientras que cuando aprendes a compartir tus experiencias personales con Dios, se vuelven pruebas irrefutables para el evangelio. Si ya has demostrado ser alguien inteligente, que no se deja llevar por tendencias fanáticas, que piensa equilibradamente y que ha sabido mantener un buen testimonio frente a los demás, entonces te has ganado poco a poco la autoridad para ser escuchado. Cuando eso ha sucedido, tu experiencia con Dios hablará mejor que todos los argumentos inteligentes que tengas. Porque hablarás no solo de lo que crees sino de lo que vives.

No se trata de ganar discusiones sino corazones, nunca lo olvidemos.

Así es. Una experiencia personal con Dios vale más que mil argumentos teológicos.

De eso se trata eso de ser testigos. Un testigo es alguien que ha presenciado algo. No es alguien a quien le contaron algo, sino quien estuvo allí, que lo vio y lo vivió, y que gracias a esa experiencia puede ser útil para ayudar a otros a entenderla.

"Sin embargo, cuando el Espíritu Santo descienda sobre ustedes recibirán poder para ser mis testigos no sólo en Jerusalén, sino también en toda Judea, en Samaria y hasta lo último de la tierra". (Hechos 1:8)

El ser un testigo trae un poder consigo, y es que eres de aquellos que tuvieron una experiencia sobrenatural con Dios y que están dispuestos a contársela a todo el mundo. En Jerusalén, es decir con tu familia, en toda Judea, con tus amigos y vecinos que te conocen, pero también en Samaria, que son los otros barrios, las otras ciudades, y finalmente, en todo el mundo. Tu testimonio de experiencia con Dios es más valioso de lo que has creído. Y es justamente lo que usará el Espíritu Santo para hablar a los demás. Lo hace a través de ti, desde lo que tú has experimentado.

Ánimo, haz que Dios siga vivo en la mente y corazón de todos los que conoces, y aun de los que no conoces.

DIÁLOGOS

Te propongo un reto que puedes lanzar con tu grupo de discipulado:

Analiza la canción "Entrevista a Dios" de Alhan y pide a todos que compartan sus apreciaciones.

Pide que busquen los elementos que concuerdan con la Biblia y que descubran también los que no concuerdan. Mejor será si mencionan versículos bíblicos en esa búsqueda.

Finalmente, toma algunas de las frases e ideas de la canción y haz una simulación de cómo le responderías a la persona que cree que Dios funciona de esa manera.

Ten en cuenta que:

Cada persona tiene diferentes argumentos e ideas para este tipo de actividades. Ninguna es buena o mala en sí, pero la práctica será importante para que tus discípulos puedan experimentar una discusión real con alguien que piensa muy diferente que ellos.

Al final, motívalos a que puedan tener una discusión real con alguien que encaja con alguno de los patrones que hemos mencionado en el capítulo. Enséñales a no contender con la palabra sino a amar mientras predican.

CIERRE DEL TÓPICO: DILEMAS DEL SER ESPIRITUAL
POR ÁLEX

Somos espirituales, tenemos voluntad, nuestra voluntad, un lugar sagrado desde donde somos libres, tomamos decisiones, nos conectamos con lo trascendente, con nuestra verdadera identidad y propósito. Analizar lo espiritual es escurridizo. Es analizar lo más profundo de nuestro ser. El Espíritu es aire, no sabes de donde viene ni a dónde va. Como objeto de estudio es complicado. Cuando crees que lo has alcanzado, se te escapa de las manos, se evapora. Dios no puede ser solo un objeto de estudio, una fórmula de laboratorio. Dios es espíritu. A pesar de eso, sí podemos hacer afirmaciones verdaderas en torno a Él. Y proponer dilemas sinceros, como el de Epicuro. El problema del dolor y el sufrimiento ha sido el "gran dilema" de la humanidad, con mayúsculas. "Si Dios existe, ¿por qué…?". O es bueno o es todopoderoso, pero no puede ser las dos cosas a la vez. Eso mismo es lo que le dijo Lex Luthor a Superman en la película de DC Comics, Batman vs. Superman. Este dilema se ha expresado generación tras generación y debemos encontrarnos siempre con él. Y aunque a nivel filosófico se ha resuelto, no debemos olvidar que el dolor no existe per se; lo que existe son los seres a los que les duele, los dolientes. Y al que le duele, lo que más le importa es recibir consuelo, sentido, ánimo; no solamente una explicación racional de su dolor. Eso no cura a nadie.

Porque el ser humano está dolido, e incluso los argumentos de Bertrand Russell y su tetera también están impregnados de emociones. Los herederos de Russell, como el conocido Richard Dawkins y su libro "El espejismo de Dios", a pesar de ser beligerantes contra la fe cristiana y pretender haber tumbado la fe, solo han demostrado ser intentos desesperados (desde el dolor, diría yo, y sin argumentos suficientemente sólidos) y lo único que han provocado es que los cristianos tengamos hoy una mejor formación en apologética que hace quince años. Gracias por eso a todos los que han intentado destruir la fe cristiana; nos hacen un favor ejercitándonos.

Porque no somos tan racionales como el modernismo nos ha querido hacer creer.

En su libro "La inteligencia emocional", Daniel Goleman nos demuestra que nuestras decisiones y nuestras reflexiones están impregnadas de emociones. Sentimos antes de pensar. Es inevitable. Y una fe que piensa debe ser también una fe que siente.

Los argumentos van y vienen, y aunque en algunos campos filosóficos se pretendía afirmar que Dios había muerto, que Nietzsche tenía razón, la realidad es que Dios ha vuelto a la filosofía, como afirma el filósofo de la ciencia William Lane Craig. Incluso ha vuelto a la psicología. Jordan Peterson, el psicólogo más pop de la actualidad, da buena cuenta de ello. En fin, Dios ha resucitado. Y en realidad, de eso se trata. La resurrección de Jesús es el gran hito de la historia. Si Jesús no resucitó, nada tiene sentido. "Vana es nuestra fe", diría Pablo. Vanos son nuestra filosofía y nuestros argumentos, y nuestros intentos de convencer a alguien. Pero si Jesús ha resucitado, si la tumba está vacía, entonces debemos pensar qué significa eso para nosotros hoy, cómo ese hecho cambia absolutamente todo.

Porque incluso este libro es el fruto de la resurrección de Jesús. Él es quien nos mostró quiénes éramos realmente, cómo vivir, cómo ser. El dilema espiritual no tiene solución a menos que Jesús fuera quien dijo ser. Él es la respuesta a todos nuestros dilemas, el de Epicuro incluido, y no solo a nivel teórico, sino que experimentó nuestro dolor. "Dios ha muerto", sí, ocupó nuestro lugar, ha experimentado todo el dolor y el sufrimiento del ser humano. Da igual aquello por lo que estés pasando en este mismo momento; Dios puede decirte: "Yo también". Te comprende. Nosotros le negamos, pero Él no nos dejó. Nosotros lo matamos; Él Resucitó. Buscamos argumentos en su contra; Él buscó argumentos a nuestro favor. Y murió en la cruz por nosotros, por amor. Este Dios es digno de ser conocido, es confiable. Es el único capaz de darnos lo que todos necesitamos hoy: una fe que piensa. (Efesios 2:8)

EL SÍNDROME DE LO INCOMPLETO

Al terminar de leer y estudiar un libro como el que has estado leyendo, siempre suele quedar una sensación de que hay algo que falta, como si estuviera incompleto. Y te surgirán ideas como "faltó este texto o esta cita" o "era necesario hablar también sobre este tópico". Fueron tres tópicos y me hubiera gustado que fuesen cinco. Fueron nueve postulados y me hubiese gustado que fueran diez. Tengo aún una lista enorme de dilemas filosóficos que me gustaría tratar.

Sentir que faltó algo por incluir es un buen punto hacia la madurez. Nada está completo mientras estemos en la Tierra. Tú aún no has completado tu camino. Aunque haber completado este material ya es un completo éxito.

Mi consejo: no creas que lo sabes todo. Aunque hayas leído mucho, aunque seas muy inteligente o sepas tanto de tantas cosas, nunca pierdas la humildad porque así te parecerás más a Jesús.

Sobre todo, no uses la inteligencia sin sabiduría. Mira que la inteligencia está incompleta sin la sabiduría, y que la sabiduría está incompleta sin el temor de Dios. Porque cada cosa en tu vida espiritual es un complemento de la otra, y si eres diestro en una cosa pero te falta otra, aún tienes camino por recorrer.

No uses la Biblia sin la dirección del Espíritu de Dios. Mira que la Palabra de Dios está incompleta sin el Dios de la Palabra. Sería solo letra muerta, inútil.

No te quedes con los argumentos para olvidar la fe. Mira que la fe está incompleta sin buenos argumentos que la respalden, pero los argumentos se quedan cortos cuando falta la fe.

Sobre todo, no te quedes sin Dios. Mira que el ser humano no está completo si Dios no ha entrado en su vida, si Jesús no habita en su corazón. Aunque Dios estaba perfectamente completo sin el ser humano, decidió humanizarse, hacerse incompleto, 100% hombre, renunciando a lo completo para entender por completo al hombre y demostrarle su completo y perfecto amor.

Recuerda que Dios te ama tanto que se entregó por completo para que tú pudieses experimentar lo que significa estar completo en Él.

Y así como el hombre y la mujer se unen en matrimonio haciéndose una sola carne para al fin estar completos, asimismo Jesús se une a la Iglesia para ser su complemento. Él es la cabeza y nosotros el cuerpo. Estamos incompletos sin Él, y Él no estará quieto hasta que su plan se cumpla en nosotros.

Por eso, necesitamos ser uno entre nosotros. Olvidar las divisiones, los énfasis doctrinales, las categorías, las jerarquías y los status. Deberíamos ser uno, y no muchos. Un solo brazo, un solo puño, un solo cuerpo. Una sola fe. Porque si camino solo sin considerar al resto de hijos de Dios como parte de mí, entonces estoy incompleto, y la obra que hago es incompleta porque olvido demostrar el amor y la unidad entre aquellos que tenemos un mismo padre.

Finalmente, un discípulo no es por completo un discípulo si no ha decidido hacer otros discípulos de Jesús. Es parte de la misión, y si no lo estás haciendo, tu misión está incompleta.

Te animo a que así suceda.

Gracias, que seamos aprendices constantes de Jesús, que él sea nuestro maestro de vida, y que podamos conocerle y amarle, también, con toda nuestra mente, toda nuestra reflexión. Oro para que este libro ayude a quien lo lea a ser más como Jesús, a estar con Jesús y a actuar como Jesús actuaría. Amén.

BIBLIOGRAFÍA

Aristóteles. ÉTICA A NICÓMACO. Alianza Editorial. Madrid, 2001.

Camus, Albert. EL MITO DE SÍSIFO. Alianza Editorial. Madrid, 1985.

Cruz, Antonio. INTRODUCCIÓN A LA APOLOGÉTICA CRISTIANA. Editorial Clie. Barcelona, 2021.

Dal Maschio, Eduardo Acín. PLATÓN, LA VERDAD ESTÁ EN OTRA PARTE. Editorial Batiscafo, S.L., 2015.

Geisler, Norman y Turek, Frank. NO BASTA MI FE PARA SER ATEO. Publicaciones Faro de Gracia. Graham, NC, 2019.

Lane Craig, William. FE RAZONABLE. Publicaciones Kerigma. Salem, Oregon, 2017.

Leys, Lucas. STAMINA. Editorial e625. Dallas, Texas, 2019.

Lewis, C.S. MERO CRISTIANISMO. Editorial Harperone, 2006.

McDowell, Josh. EVIDENCIA QUE EXIGE UN VEREDICTO. Editorial Vida. Miami, Florida, 1982.

Platón. DIÁLOGOS IV, REPÚBLICA. Editorial Gredos. Madrid, 1986.

Powell, Doug. GUIA HOLMAN DE APOLOGÉTICA CRISTIANA. B&H Publishing Group. Nashville, Tennessee, 2006.

Rusell, Bertrand. HISTORIA DE LA FILOSOFÍA OCCIDENTAL. Espasa Libros, S.L., 1946.

Sampedro, Álex. ARTESANO. Editorial e625. Dallas, Texas, 2018.

Stott, John. LA FE CRISTIANA FRENTE A LOS DESAFÍOS CONTEMPORÁNEOS. Editorial Libros Desafío. Grand Rapids, Michigan, 1991.

Valerga, Sergio. LA IGLESIA RELACIONAL. Editorial e625. Dallas, Texas, 2020.

DESCUBRE EL NUEVO SITIO DEL INSTITUTO E625

Y lleva tu ministerio al siguiente nivel.

www.InstitutoE625.com

Escanea
el código
para ver más

¡SUSCRIBE A TU MINISTERIO PARA DESCARGAR LOS MEJORES RECURSOS PARA EL DISCIPULADO DE LAS NUEVAS GENERACIONES!

Lecciones, bosquejos, libros, revistas, videos, investigaciones y mucho más

e625.com/premium

Suscripción de materiales premium para iglesias

Recursos gratis

Tienda con envíos internacionales

Chat en tiempo real

Revista Líder 6.25

FAMILIAS + IGLESIAS
SANAS FUERTES

FAMILIAS + IGLESIAS
SANAS FUERTES

PASTORES

NIÑOS

INSTITUTO
e625

Educación online
www.institutoe625.com

Libros Online

Seminarios para iglesias locales

Eventos de actualización ministerial